Second Voyage à travers l'Amérique latine (1953-1956)

Journal

Ernesto Che Guevara

Second Voyage
à travers l'Amérique latine
(1953-1956)

Journal

Traduction de l'espagnol par
Martine Thomas

Hommage d'
Alberto Granado

Du même auteur

Textes politiques, La Découverte, 2001.
Textes militaires, La Découverte, 2001.
Voyage à motocyclette. Latinoamericana,
Mille et une nuits, 1997-2001.
Passages de la guerre révolutionnaire : le Congo,
Métailié, 2000.
Ici va un soldat d'Amérique ! : l'itinéraire politique et humain du Che à travers sa correspondance, M. Lafon, 2000.
Journal de Bolivie : 7 novembre 1966-7 octobre 1967,
La Découverte, 1997.
Le socialisme et l'homme à Cuba, Pathfinder Press, 1989.
Écrits d'un révolutionnaire, La Brèche, 1987.
Le Socialisme et l'Homme, La Découverte, 1987.

Titre original : *Otra vez. El Diario del segundo viaje por América latina (1953-1956)*. Première édition : Editorial Sudamericana, Buenos Aires, 2000.

Avec nos remerciements à Gianni Minà pour avoir rendu possible la publication de ce livre.

Illustration de couverture : Laurence Bériot

ISBN : 978-2-84205-659-9

sommaire

Avertissement 9

Second Voyage
à travers l'Amérique latine (1953-1956)
par Ernesto Che Guevara 11

Annexes 125

Hommage d'Alberto Granado 201

Notice biographique 209

Avertissement

Otra vez, texte intime et témoignage ; incontournable pour saisir la personnalité bien trempée que se forgea Ernesto Guevara de la Serna, en compagnie de l'écriture comme complice permanente, où il mêle l'ironie et l'humour à une perception profonde de l'environnement qu'il traversait, suivant son désir ardent de découvrir les terres américaines ; il nous offre une vue panoramique de son propre avenir, imprégné de pensée et d'action.

Comme écrits antécédents de ce journal, citons les chroniques recréées après son premier voyage à travers le continent, publiées par cette même maison d'édition, pleines de vigueur et de jeunesse, où il a transmis « l'impulsion joyeuse qui parvient jusqu'à nous et va se perdre dans l'horizon américain »[1].

Le journal, qui est ici présenté au lecteur, sous forme de notes, est le prélude à sa formation révolutionnaire intégrale ; à un moment il aurait pu être élaboré sous la forme d'un récit, à l'instar des premières

1. Ernesto « Che » Guevara, *Voyage à motocyclette, Latinoamericana*, Mille et une nuits, 1997 ; nouvelle édition, 2001.

notes. En l'absence de réécriture, pour d'indiscutables raisons, sa publication s'impose toutefois, telle, pour la valeur de son précieux legs historique témoignant de faits décisifs dans la trajectoire du Che à travers « Notre Majuscule Amérique ».

Pour parvenir à une meilleure compréhension du texte, nous présentons une édition complétée par des annexes, où le lecteur pourra s'imprégner du récit et assimiler dans toute sa profondeur le ton réflexif et ponctuel du monde que le jeune homme s'est proposé d'assumer tout au long de sa vie future, en lien permanent avec l'un des événements majeurs du XXe siècle, la révolution cubaine.

La passion de l'écriture est accompagnée en permanence de la photographie, complément vital dans son désir d'approfondir la connaissance de son environnement. Dans le texte présenté sont ajoutées des photos inédites du périple, comme témoignage vivant de la multiplicité des expériences accumulées et de son désir de les façonner en images, qui expriment sa grande sensibilité et son enthousiasme à capter tout ce qui le touche.

ARCHIVES PERSONNELLES DU CHE

Le soleil nous tapait timidement dans le dos tandis que nous parcourions les coteaux pelés de la Quiaca. Je revoyais mentalement les derniers événements. Ce départ avec tant de monde, quelques pleurs au milieu, le regard étonné des gens de seconde classe qui voyaient une profusion de beaux vêtements, de manteaux de peau, etc., pour dire adieu à deux *snobs* à l'apparence étrange et chargés de paquets. Le nom de mon compagnon a changé, Alberto [1] s'appelle désormais Calica ; mais le voyage est le même : deux volontés dispersées se propageant à travers l'Amérique sans savoir précisément ce qu'elles cherchent ni où est le Nord.

Autour des collines pelées une brume grise donne ton et vigueur au paysage. Devant nous un filet d'eau sépare les territoires de la Bolivie et de l'Argentine. Sur un petit pont minuscule traversé par les voies du chemin de fer les deux drapeaux se dévisagent, le bolivien neuf et aux couleurs vives, l'autre, vieux, sale et déteint,

1. Il se remémore son ami Alberto Granado, qui l'a accompagné dans son premier périple à travers quelques pays d'Amérique latine, et il mentionne Carlos Ferrer (Calica), son compagnon lors de ce second voyage sur le continent, qui débute le 7 juillet 1953.
(Toutes les notes du Journal sont tirées des Archives personnelles du Che.)

comme s'il avait commencé à comprendre la pauvreté de son symbolisme.

Nous discutons avec des gendarmes qui nous disent qu'un Cordouan d'Alta Gracia, le village de notre enfance, travaille avec eux. C'est Tiqui Vidora, un de mes camarades de jeux d'enfant. Étranges retrouvailles dans le coin septentrional de l'Argentine.

C'est le mal de tête et l'asthme, intransigeants, qui m'ont obligé à ralentir. À cause de ça on a passé trois jours particulièrement ennuyeux dans le petit village jusqu'à ce que nous levions l'ancre en direction de La Paz.

L'information selon laquelle nous voyagions en seconde classe provoquait une indifférence immédiate à l'égard de notre voyage. Il est encore important de savoir qu'il peut y avoir un bon pourboire, ici comme partout.

Une fois sur le territoire bolivien, après une fouille superficielle de la douane argentine et chilienne, nous avons continué sans problème.

Depuis Villazón le train roule indolent vers le nord, entre des collines, des ravins et des routes d'une aridité absolue. Le vert est une couleur taboue.

Le train émiette sa répugnance sur les pampas arides où le salpêtre commence à faire son apparition, mais la nuit tombe et tout se perd au milieu d'un froid qui peu à peu s'insinue partout. Nous avons maintenant une cabine mais, malgré tout, malgré les couvertures supplémentaires, un froid ténu s'infiltre jusque dans nos os.

Le lendemain matin, nos bottes sont gelées et produisent une sensation désagréable sur les pieds.

L'eau des lavabos et même celle des carafes a gelé.

Décoiffés et le visage sale nous allons au wagon-restaurant avec une certaine méfiance, mais les visages de nos compagnons de voyage nous rassurent pour de bon.

À quatre heures de l'après-midi le train arrive à la faille où est sise La Paz. Une ville petite mais très jolie s'éparpille sur le terrain accidenté du fond, avec pour sentinelle la figure toujours enneigée de l'Illimani. L'étape finale de quelques kilomètres met plus d'une heure à s'achever. Le train donne l'impression qu'il va échapper par la tangente à la ville, lorsqu'il tourne et poursuit sa descente.

C'est un samedi après-midi et les gens à qui nous sommes recommandés sont très difficiles à trouver, si bien que nous en profitons pour nous changer et nous débarrasser de la crasse du voyage.

Le dimanche nous commençons à solliciter nos hôtes et à nous mettre en relation avec la colonie argentine.

La Paz est le Shanghai de l'Amérique. Une richissime gamme d'aventuriers de toutes les nationalités végètent et prospèrent au milieu de la ville polychrome et métisse qui marche en emmenant le pays vers son destin.

Les gens dits bien, les gens cultivés s'étonnent des événements et maudissent l'importance que l'on donne à l'Indien et au métis, mais chez tous il m'a semblé voir une étincelle d'enthousiasme nationaliste face à certaines œuvres du gouvernement.

Personne ne nie la nécessité de voir finir l'état de choses symbolisé par le pouvoir des trois maîtres des mines d'étain, et les jeunes trouvent que cela a été un pas en avant dans la lutte pour un plus grand nivellement des personnes et des fortunes.

Le 15 juillet au soir il y a eu un défilé aux flambeaux, long et ennuyeux comme exemple de manifestation, mais intéressant par la manière d'exprimer son adhésion sous la forme de tirs de Mauser ou *Piri-pipí*, le terrible fusil à répétition.

Le lendemain, dans un interminable défilé se sont succédé des corporations, des collèges et des syndicats faisant chanter la Mauser avec une certaine assiduité. Tous les tant de pas, un des directeurs des sortes de compagnies scindant le défilé criait : « Camarades de la corporation une telle, vive La Paz, vive l'indépendance américaine, vive la Bolivie ; gloire aux martyrs de l'indépendance, gloire à Pedro Domingo Murillo, gloire à Guzmán, gloire à Villaroel. » La mélopée était entonnée d'une voix fatiguée à laquelle un chœur de voix monotones donnait un cadre adéquat. C'était une manifestation pittoresque mais pas virile. Le pas traînant et le manque d'enthousiasme général lui ôtaient sa force vitale, il manquait les visages énergiques des mineurs, aux dires des connaisseurs.

Le matin d'un autre jour, on a pris un camion pour aller aux Yungas. Au début, on est montés jusqu'à 4 600 mètres au lieu-dit La Cumbre pour descendre ensuite lentement par un chemin de corniche que flanquait un profond précipice sur presque tout le parcours. On a passé dans les Yungas deux magnifiques journées, mais il manquait à notre patrimoine deux femmes pour ajouter une note érotique, comme une nuance nécessaire au vert qui nous entourait de toute part. Sur les versants couverts de végétation qui se précipitaient vers une rivière en contrebas, distante de plusieurs centaines de mètres, et gardés par un ciel nuageux, s'éparpillaient des plantations de cocotiers avec leurs échelons typiques, de bananiers qui de loin ressemblent à des hélices vertes surgissant de la forêt, d'orangers et autres citrus, de caféiers rougis de fruits ; le tout nuancé par la figure rachitique d'un papayer dont la forme rappelle un peu la figure statique du lama et d'autres arbres fruitiers, ou non, des tropiques.

Dans un coin il y avait une ferme-école des prêtres salésiens que l'un d'entre eux, un Allemand, nous a montrée avec beaucoup de gentillesse. Une grande quantité de fruits et de légumes y étaient cultivés avec un soin extrême. Nous n'avons pas vu les enfants, qui étaient en classe, mais en parlant d'autres fermes semblables en Argentine et au Pérou, je me suis souvenu de l'exclamation indignée d'un maître de Purén : « Un éducateur mexicain l'a déjà dit, c'est le seul lieu au monde où l'on traite mieux les animaux que les gens. » Je ne lui ai pas répondu, mais l'Indien continue à être une bête dans la mentalité du Blanc, surtout s'il est européen, quels que soient les habits qu'il porte.

Le retour, on l'a fait dans la camionnette de jeunes qui avaient passé le week-end dans le même hôtel. On est arrivés avec une drôle d'allure à la Paz, mais c'était rapide et relativement confortable.

La Paz, ingénue, candide comme une jeune provinciale, montre avec orgueil ses merveilles municipales. Nous avons visité ses nouveaux bâtiments, l'Université de poche des terrasses de laquelle on domine toute la ville, la bibliothèque municipale, etc.

La formidable beauté de l'Illimani, éternellement nimbé par ce halo de neige que la nature lui a offert pour toujours, diffuse sa douce clarté. C'est à l'heure du crépuscule que la montagne solitaire acquiert plus de solennité et de majesté.

Il y a un *hidalgo* de Tucuman qui me rappelle son auguste sérénité. Exilé d'Argentine, il est le centre et le guide de la colonie qui voit en lui un dirigeant et un ami. Ses idées politiques, il y a longtemps qu'elles ont vieilli dans le monde entier, mais il les garde indépendamment de l'ouragan prolétaire qui s'est déchaîné sur notre sphère belliqueuse. Il tend une main amie à tout Argentin sans lui demander qui il est ni pourquoi il est venu, et son auguste sérénité répand sur nous, pauvres mortels, sa protection patriarcale, éternelle [2].

On est restés sans le sou en attendant une décision et un changement et en attendant le 2 où l'on verra ce qui se passera, mais il y a quelque chose d'ondulant et avec un cœur qui a croisé mon chemin, on verra...

On a fini par visiter la Bolsa Negra. En prenant la direction du sud on monte progressivement jusqu'à une altitude d'environ 5 000 mètres, pour redescendre ensuite vers la vallée au fond de laquelle est installée l'administration de la mine et, sur l'un de ses versants, la veine.

C'est un spectacle imposant : derrière nous l'auguste Illimani, serein et majestueux, devant nous le blanc Mururata, et plus près les bâtiments pareils à des coupes de quelque chose jeté depuis la colline restées là par les caprices de l'accident de terrain qui les a arrêtées. Une gamme énorme de tons obscurs irise la montagne, le silence de la mine tranquille attaque même ceux qui comme nous ne connaissent pas sa langue.

2. Il fait référence à Isaías Nogués.

L'accueil est cordial, ils nous logent et après, dodo.

Le lendemain matin, dimanche, on va avec un des ingénieurs à un lac naturel alimenté par un glacier du Mururata. Dans l'après-midi on visite la fabrique, moulin où l'on obtient le wolfram, le minerai produit par la mine.

Le procédé succinct est le suivant : la pierre extraite de la mine se divise en trois portions, celle qui constitue le minerai, avec soixante-dix pour cent de déchet, qu'on traite telle quelle ; celle qui a un peu de wolfram mais en moindre quantité et la croûte, c'est-à-dire celle qui n'a rien, que l'on rejette à l'extérieur par des déversoirs. La seconde portion va au moulin *via* un funiculaire ou « va-et-vient », comme on l'appelle en Bolivie, tombe dans un réservoir et de là retourne ensuite au moulin qui la triture et la rend plus petite, un autre moulin la réduit davantage et une série de passages dans l'eau sépare peu à peu le métal qui devient une poudre fine.

Le chef de la fabrique, un certain Tenza, très compétent, a planifié une série de réformes qui auront pour résultat l'accroissement de la production et une meilleure utilisation du minerai.

Le lendemain on a visité la galerie. Munis des manteaux imperméables qu'ils nous ont donnés, d'une lampe à acétylène et d'une paire de bottes en caoutchouc, nous sommes entrés dans l'atmosphère noire et inquiétante de la mine. Nous avons marché deux ou trois heures dans les galeries en surveillant les plafonds, en regardant les veines se perdre dans la profondeur de la montagne, en montant par des trappes étroites jusqu'à un autre étage, en sentant le fracas de la charge déversée dans les wagons pour être recueillie à l'autre niveau, en voyant préparer les trous pour la charge avec la machine à air comprimé qui creuse au fur et à mesure.

Mais on ne sentait pas la mine frémir. Il manquait la poussée des bras qui tous les jours arrachent la charge de matériau à la terre et qui pour l'heure étaient à La Paz en train de défendre la Révolution puisque nous sommes le 2 août, jour de l'Indien et de la Réforme agraire.

Dans l'après-midi les mineurs sont arrivés avec leurs visages pierreux et leurs casques en plastique coloré qui les fait ressembler à des guerriers d'autres contrées.

Leurs visages impassibles, avec le cadre invariable de l'écho de la montagne renvoyant les décharges tandis que la vallée rapetissait le camion qui les amenait, offraient un spectacle intéressant.

La Bolsa Negra peut encore produire pendant cinq ans dans les conditions actuelles, puis elle arrêtera sa production à moins que l'on ne creuse une nouvelle galerie de plusieurs milliers de mètres. La galerie est en projet. Aujourd'hui c'est la seule chose qui fait vivre la Bolivie, car ce minerai est acheté par les Américains, voilà pourquoi le gouvernement a ordonné d'accroître la production ; ce qui a été obtenu, c'est trente pour cent de mieux grâce à l'effort intelligent et opiniâtre des ingénieurs responsables. Le docteur Revilla nous a reçus très aimablement et invités chez lui.

À quatre heures on est rentrés en profitant d'un camion, on a passé la nuit dans un petit village appelé Palca et on est arrivés tôt à La Paz.

Nous attendons maintenant un [ ] [3] pour filer.

Gustavo Torlincheri est un grand photographe. En plus d'une exposition publique de ses œuvres et d'un aperçu de ses travaux personnels, j'ai eu l'occasion de voir sa façon de travailler. Une technique simple intégralement subordonnée à une composition méthodique donne comme résultat des photos de valeur notoire. Avec lui on a fait un itinéraire qui, partant de La Paz, passe par le club andin de Chacoltoya pour continuer ensuite à travers les barrages de la compagnie d'électricité qui alimente La Paz.

Un autre jour, je suis allé au ministère des Affaires paysannes où l'on m'a traité avec une extrême courtoisie. C'est un lieu étrange, des tas d'Indiens de différents groupes attendent leur tour pour être reçus en audience. Chaque groupe a son costume typique et est dirigé par un chef ou instructeur qui adresse la parole à chacun dans sa langue maternelle. Lorsqu'ils entrent, les employés les saupoudrent de DDT.

Finalement tout était prêt pour le départ, chacun d'entre nous devait laisser là sa référence amoureuse. Mon adieu a davantage été sur le plan intellectuel, sans douceur, mais je crois qu'il y a quelque chose entre nous, elle et moi.

La dernière soirée a été consacrée aux libations chez Nogués, à tel point que j'ai oublié mon appareil photo. Au milieu d'un grand désordre Calica est parti tout seul pour Copacabana, pendant que moi je restais un jour de plus pour dormir et récupérer mon appareil.

---

3. Illisible dans l'original.

Après un très beau voyage le long du lac et la traversée de La Bolsa par Taquería, je suis arrivé à Copacabana, on est descendus dans le meilleur hôtel et on a réservé un petit bateau pour nous emmener le lendemain à l'île du Soleil.

On nous a réveillés à cinq heures du matin et on est partis en direction de l'île ; le vent était très faible et il a fallu ramer.

On est arrivés à onze heures sur l'île et on a visité une construction inca, puis j'ai appris qu'il y avait encore d'autres ruines, et l'on a obligé le batelier à nous y emmener. C'était surtout intéressant parce que en fouillant parmi les ruines nous avons trouvé quelques débris, une idole représentant une femme qui répond presque à mes aspirations. Le batelier n'avait pas envie de rentrer, mais on l'a convaincu de lever l'ancre ; et pourtant il nous a roulés en beauté et on a dû dormir dans une petite chambre misérable avec de la paille en guise de matelas.

On est rentrés à la rame le lendemain matin, mais on jouait les andouilles vu la fatigue qui nous paralysait. On a perdu la journée à dormir et à se reposer, et on a décidé de partir le lendemain à dos d'âne ; puis on a réfléchi un peu plus et décidé de ne pas le faire, reportant le voyage à l'après-midi. J'ai réservé un camion, mais il est parti avant que nous n'arrivions avec les bagages, nous sommes donc restés coincés sur place pour finalement tout juste réussir à tenir dans un bus. C'est là qu'a commencé notre odyssée : nous avions deux kilomètres à parcourir avec nos gros sacs sur le dos. Nous avons fini par trouver deux porteurs et entre les rires et les jurons, on est arrivés à notre logement. Un des Indiens que l'on avait surnommé Túpac Amaru offrait un spectacle lamentable, chaque fois qu'il s'asseyait pour se reposer il fallait l'aider à se relever car il n'y arrivait pas tout seul. On a dormi comme des loirs.

Le lendemain, on a eu la désagréable surprise de constater que le chercheur n'était pas dans son bureau, et on a vu les camions partir sans rien pouvoir faire. La journée s'est déroulée dans l'ennui le plus total.

Le jour suivant, confortablement installés à bord du « Coceta », on est partis en direction de Puno [4], en longeant le lac. Près de ce village ont fleuri les radeaux de *totora* dont on n'avait vu aucun depuis Taquira. En arrivant à Puno on a passé la dernière douane du chemin et on m'y a confisqué deux livres : *L'Homme en Union soviétique* et une publication du ministère des Affaires paysannes qui a été qualifiée de rouge, rouge, rouge sur un ton exclamatif et récriminateur ; après une savoureuse discussion avec le chef de la police, j'ai décidé de chercher la publication à Lima. On a dormi dans un petit hôtel près de la gare.

Au moment où nous allions monter en seconde avec tous nos bagages à la main, un contrôleur nous a arrêtés et proposé après quelques tractations de monter en première et d'arriver gratuitement à Cuzco en portant les insignes de deux d'entre eux, ce que, bien évidemment, nous avons accepté. Nous avons ainsi pu voyager

4. Le séjour d'Ernesto en Bolivie a duré un mois et quelques jours, bien que la date exacte ne figure pas sur son passeport. Toutefois, le départ de La Paz a lieu le 7 août et il est raconté dans une lettre à sa mère datée du Cuzco, le 22 août 1953, citée dans Ernesto Guevara Lynch, *Aquí va un soldado de América*, Editorial Planeta, 1987. (Voir Annexe.)

confortablement en donnant aux types le montant du billet de seconde.

Le soir, en arrivant à la gare, l'un d'eux a disparu sans sa plaque que j'ai gardée. On s'est logés dans un petit hôtel de quatre sous et on a dormi les doigts de pied en éventail.

Le lendemain on est allés faire viser nos passeports et on est tombés sur un policier qui nous a demandé avec le ton professionnel qui les caractérise où était la plaque que j'avais emportée la nuit précédente. Je lui ai expliqué ce qui s'était passé et j'ai rendu la plaque. Tout le restant de la journée nous l'avons passé à visiter des églises. De même le lendemain. Nous avons déjà vu tout ce qu'il y a de plus important à Cuzco bien qu'un peu superficiellement, et nous attendons une dame argentine qui va nous changer notre argent en *soles* pour aller à Machu-Picchu et visiter le site immédiatement.

Nous avons déjà les *soles* [5], mais pour 1 000 *pesos* [6] on nous en a donné 600 ; jusqu'à quel point l'Argentine s'est-elle trompée je ne sais pas, puisque l'intermédiaire n'est pas venu. Ce qui est sûr en tout cas, c'est que pour le moment on est à l'abri de la faim.

Durant ces jours d'attente, on a épuisé la provision d'églises et de monuments intéressants de Cuzco. Je fais à nouveau dans ma tête un méli-mélo d'autels, de grands tableaux et de chaires.

J'ai été impressionné par la simplicité et la sérénité de la chaire de l'église San Francisco : sa sobriété

5. Unité monétaire du Pérou jusqu'en 1986. (N.d.T.)

6. Ancienne unité monétaire argentine. (N.d.T.)

contraste avec le style surchargé qui domine dans presque toutes les constructions de style colonial.

Belén a déjà ses tours, mais l'éclat blanc des deux nouveaux clochers est choquant comparé aux tons sombres de la nef qui est ancienne.

Ma statuette inca, au nouveau nom de Martha, est authentique et faite en *tunyana*, l'alliage des Incas. Un des employés du musée me l'a dit, dommage qu'on ait perdu (*sic*) les morceaux du pot car ce sont eux qui donnent la date de la civilisation dont elle provient. Nous mangeons mieux depuis le paiement.

Machu-Picchu ne déçoit pas, je ne sais combien de fois encore je pourrai l'admirer, mais ces nuages gris, ces pics violets et colorés sur lesquels se détache la clarté des ruines grises, c'est l'un des plus merveilleux spectacles que je puisse imaginer.

Don Soto nous a très bien reçus et ne nous a finalement fait payer que la moitié de l'hébergement ; mais malgré l'enthousiasme de Calica pour cet endroit la compagnie d'Alberto me manque toujours. Notre identité de caractères qui se complétaient si bien devient plus patente à Machu-Picchu.

Retour à Cuzco, pour jeter un œil au passage à une église et attendre le départ d'un camion. Un à un tous nos espoirs fondent tandis que les jours passent et que diminuent nos *pesos* ou *soles*. On avait fini par trouver le camion, qui était juste ce dont nous avions besoin, lorsque une fois toutes les valises chargées on nous a fait un scandale pour 2 livres que nous n'avions pas. En temporisant un peu, on aurait pu faire affaire, le fait est qu'on était fauché jusqu'au samedi, le lendemain, et les premiers calculs indiquaient 40 *soles* de plus pour l'autobus.

On a fait la connaissance ici à Cuzco d'un médium spirite. Ça s'est passé comme ça : en discutant, grâce à l'entremise de la dame argentine, avec elle et Pacheco, l'ingénieur péruvien, ils ont commencé à nous parler de spiritisme, on a dû faire des efforts pour ne pas rire mais on a envisagé le sujet avec sérieux et le lendemain ils nous ont emmenés faire sa connaissance. Le type nous a donné des informations bizarres sur des lumières qu'il voyait en nous ; il a mentionné la lumière verte de la sympathie et celle de l'égoïsme chez Calica, et la verte foncée de l'adaptabilité chez moi. Ensuite il m'a demandé si je n'avais rien à l'estomac parce qu'il voyait mes radiations à moitié retombées, ce qui m'a laissé songeur, car mon estomac se plaint des plats péruviens et de la nourriture en boîte : dommage qu'on ne puisse pas avoir une réunion avec ce médium.

Cuzco s'est déjà dissipé au loin ; après un interminable voyage de pratiquement trois jours d'autobus nous sommes arrivés à Lima. À partir d'Abancoy la route suit, durant toute une journée d'autobus, la vallée de la rivière Apurimac qui se fait de plus en plus petite. On s'est baignés dans un petit méandre où l'eau nous couvrait à peine, mais le froid était très vif et pour moi ça n'a pas été un bain agréable.

Le voyage devenait interminable. Les poules avaient souillé tout le siège sous lequel nous étions, et une insupportable odeur de pieds rendait l'atmosphère d'une épaisseur à couper au couteau. Après avoir crevé plusieurs fois, ce qui a rallongé d'autant le voyage, on a fini par arriver à Lima et dormi comme des loirs dans un petit hôtel de quatre sous.

Dans l'autobus, on a fait la connaissance d'un explorateur français qui avait navigué sur l'Apurimac et fait naufrage, le courant ayant emporté sa compagne. Il nous a d'abord dit qu'elle était professeur puis il s'est avéré que c'était une élève qui s'était enfuie de chez ses parents et qui en prime ne savait pas nager. Le type va se retrouver dans de sales draps.

J'ai rendu visite au docteur Pesce et aux gens de la léproserie [7]. Tous m'ont reçu très cordialement.

Neuf jours de passés à Lima, sans avoir encore rien visité d'extraordinaire à cause des obligations à rendre à nos amitiés, mais on a trouvé un restaurant universitaire qui coûte 1,30 par repas, si bien qu'on est parfaits sur ce point.

Zoraida Boluarte nous a invités chez elle. De là on est allés au cinéma voir le fameux 3D. Ça ne me paraît absolument pas révolutionnaire et les films restent les mêmes. Le meilleur est arrivé plus tard lorsque nous avons rencontré deux inspecteurs qui ont tout mis sens dessus dessous et nous ont emmenés en prison. Après nous avoir gardés quelques heures, ils nous ont relâchés, nous convoquant le lendemain, c'est-à-dire aujourd'hui ; on verra.

L'affaire policière n'a rien donné, après un interrogatoire doux et de nombreuses excuses ils nous ont laissés en liberté. Le lendemain ils nous ont rappelés en nous demandant des renseignements sur un couple séquestrant un garçon et qui ressemblait au couple Roy de La Paz.

---

7. Léproserie De Guía. Le docteur Pesce comme Zoraida Boluarte lui avaient offert soutien et amitié lors de son premier voyage à travers l'Amérique latine, c'est pourquoi il leur rend de nouveau visite lorsqu'il revient à Lima.

Les journées se sont succédé sans que rien de neuf ne se produise. Le seul événement important étant que nous avons changé de domicile, ce qui nous permet de nous loger complètement à l'œil.

La nouvelle maison nous a magnifiquement réussi. Nous y avons déjà fait une fête où je n'ai pas pu picoler à cause d'une crise d'asthme mais qui a permis à Calica de prendre une nouvelle cuite.

Le docteur Pesce nous a offert l'une de ses causeries si complètes et agréables au cours desquelles il parle avec tant d'assurance de thèmes tellement divers.

Déjà, nous avons presque les billets pour Tumbes par l'intermédiaire d'un frère de l'épouse de Peirano. Nous attendons ici, en n'ayant pratiquement plus rien à voir à Lima.

Des journées apathiques continuent à se succéder, alors que notre propre inertie contribue à ce que nous restions dans cette ville plus que prévu. Peut-être que demain, lundi, l'affaire des billets sera réglée et que l'on fixera notre date définitive de départ. Les Paso ont fait leur apparition, ils disent avoir de bonnes perspectives de travail ici.

Nous sommes sur le départ, il nous reste quelques minutes pour revisiter Lima l'enchanteresse : ses églises pleines de magnificence à l'intérieur ne réussissent pas à montrer à l'intérieur – c'est mon opinion – cette auguste sobriété des temples de Cuzco. La cathédrale détient une série de scènes de la Passion du Christ d'un peintre qui donne l'impression d'être de l'école hollandaise, de grande valeur artistique ; mais je n'aime pas sa nef, ni l'extérieur un peu amorphe ; quant au style, elle semble avoir été construite dans une période de transition où s'amorçait en Espagne la décadence de la furie guerrière au profit de l'amour du luxe et du confort. San Pedro a une série de tableaux de valeur, mais je n'aime pas non plus l'intérieur.

Nous sommes tombés sur Rojo qui avait subi les mêmes vicissitudes que nous mais en plus grave à cause des livres qu'il avait. Il part à Guayaquil où nous nous retrouverons.

Comme adieu à Lima on a vu *Gran Concierto*, un film russe ressemblant dangereusement aux films nord-américains, mais de meilleure qualité pour ce qui est de la couleur et de la fidélité musicale. Les adieux des malades ont été assez émouvants, je pense l'écrire.

La première étape s'est faite d'une traite jusqu'à Piura, où nous sommes arrivés à l'heure du déjeuner. Moi avec mon asthme je me suis enfermé dans ma chambre et je ne suis sorti qu'un instant le soir pour découvrir un peu la ville, qui ressemble à une capitale de province argentine typique mais avec davantage de voitures neuves.

Après arrangement avec le chauffeur pour payer moins cher, le lendemain on a pris l'autobus pour Tumbes, où l'on est arrivés à la tombée de la nuit après avoir traversé, entre autres bourgades, Talara, un port pétrolier assez pittoresque.

Je n'ai pas pu découvrir Tumbes à cause de mon asthme, on a continué le voyage, et nous sommes arrivés à la frontière à Aguas Verdes puis passés de l'autre côté, à Huaquillas [8], non sans subir les assauts des bandes

8. Ils arrivent en Équateur le 27 septembre 1953, et sont contrôlés par l'immigration le 28.

qui assurent le transport d'un côté à l'autre du pont marquant la frontière. Un jour perdu pour le voyage, mis à profit par Calica pour boire de la bière gratis.

Le jour suivant, on a attaqué la marche vers Santa Marta, où l'on a pris un bateau qui nous a emmenés jusqu'à Puerto Bolívar, et après toute une nuit de navigation on est arrivés dans la matinée à Guayaquil, moi toujours avec mon asthme.

On y a retrouvé le gros Rojo, mais pas tout seul, avec trois amis [9] étudiants en droit qui nous ont emmenés dans leur pension ; nous étions six et nous avons formé un cercle fermé de cité universitaire avec les tournées des derniers matés qui nous restaient. Le consul s'est montré insensible à notre demande de feuilles pour l'infusion.

Guayaquil est, comme tous ces ports, une ville prétexte vouée à la gestion quotidienne des entrées et sorties de bateaux, sans vie propre pratiquement.

Je n'ai pas pu voir grand-chose, parce que l'histoire du voyage des garçons qui partaient pour le Guatemala, l'un d'eux avec le gros Rojo, nous a absorbés. Par la suite j'ai connu un garçon, Maldonado [10], qui m'a mis en relation avec des médecins, dont le docteur Safadi, psychiatre et bolcho, comme son ami Maldonado. Par leur intermédiaire j'ai été en relation avec un autre spécialiste de la lèpre.

Ils ont un centre de réclusion avec treize personnes dans un état assez précaire et peu de traitements spécifiques.

---

9. Il s'agit des étudiants argentins Andrews Herrero, Eduardo (Gualo) García et Oscar Valdovinos.

10. Le docteur Jorge Maldonado Reinella.

Les hôpitaux tout au moins sont propres et pas du tout mauvais.

Mon passe-temps favori c'est les échecs, j'y joue avec les gens de la pension. Mon asthme me fait moins souffrir. On pense rester deux jours de plus pour essayer de localiser ici Velasco Ibarra [11].

Plans défaits et refaits, soucis financiers et phobies de Guayaquil. Tout ça est le résultat d'une plaisanterie faite en passant par García : « Les gars, pourquoi ne viendriez-vous pas avec nous au Guatemala ? » [12] L'idée était là, il manquait ce petit coup de pouce pour que je me décide. Calica me suit. On passe maintenant des journées en recherches fébriles. Les visas sont déjà virtuellement accordés, mais sur un coût estimé à deux cents dollars, il y a 120,80 dollars difficiles à trouver, même si on en réunit peu à peu grâce à nos efforts pour vendre nos bagages. Le voyage jusqu'à Panamá est gratuit, mis à part le paiement de deux dollars par jour et par tête ce qui fait trente-deux dollars pour les quatre ; c'était là la question, c'est-à-dire que tout peut être annulé. À Panamá, des jours de disette nous attendent.

L'entrevue avec Velasco Ibarra a échoué lamentablement. Le chef du protocole, un certain Anderson, a répondu à notre pathétique supplication en disant que la vie a des hauts et des bas, que nous sommes actuellement dans une mauvaise passe mais que des jours meilleurs viendront, etc.

J'ai vu dimanche des endroits de la côte ressemblant à n'importe quelle zone pluvieuse avec des rivières

---

11. Président équatorien, réélu à plusieurs reprises.

12. Voir en annexe la lettre à sa mère datée du 21 octobre 1953, de Guayaquil.

inondables, mais le voyage a été particulièrement intéressant grâce à la compagnie du docteur Fortunato Safadi et d'un ami à lui qui vend des assurances. Un peu plus haut j'ai dit qu'à Panamá des jours de disette nous attendent, mais ce qui reste à savoir c'est si Panamá nous attend... Après avoir obtenu sans difficulté le visa pour le Guatemala, on est allés demander les billets du bateau pour les retirer sans l'autre visa pour Panamá, et là il y a eu du grabuge car le représentant de la Compagnie a refusé catégoriquement de nous les vendre sans avoir interrogé au préalable la Compagnie Colón Panamá par télégraphe. La réponse est arrivée le lendemain : un non formel. Ça s'est passé un samedi, le *Guayos*, le petit bateau qui devait partir le dimanche a reporté son départ au mercredi suivant.

Calica est parti en direction de Quito dans un camion privé, à l'œil.

Le lundi nous avons à nouveau eu la preuve, cette fois-ci avec un ordre de transit à trente-cinq dollars, au nom de García et au mien, que c'était nous qui avions décidé de partir en premier ; le résultat a été négatif, face à ça, n'ayant qu'une malheureuse cartouche à brûler, nous avons envoyé un télégramme à Calica pour qu'il nous attende. Le soir je me suis entretenu avec Enrique Arbuiza, le courtier en assurances, qui nous a dit qu'il l'obtiendrait peut-être. Et le lendemain, aujourd'hui, nous nous sommes entretenus avec le responsable d'une compagnie de tourisme qui a lui aussi refusé ; mais il nous a donné un autre tuyau en expliquant que la compagnie qui nous emmènerait à Panamá pouvait fournir la lettre. Le courtier en assurances était lui aussi un ami du capitaine du *Guayos* et il m'a donc conduit jusqu'à lui pour lui soumettre le problème. Le capitaine s'est mis en colère d'un coup, mais une fois qu'on lui a expliqué un peu les choses il s'est calmé et nous avons convenu que nous recevrions la réponse définitive cette après-midi.

De toute façon, nous avons envoyé un nouveau télégramme à Quito pour rectifier ce que nous avions dit afin que Calica continue seul au moins jusqu'à Bogotá. Notre plan consiste à attendre la réponse définitive et puis à aller à deux à Panamá ou à lever l'ancre d'ici le plus vite possible tous les trois.

On verra…

On n'a rien vu : une heure et plus à attendre en vain le capitaine du *Guayos*. Demain on décidera définitivement quoi faire, mais de toute façon Andro Herrero reste ici. Il allègue qu'il faut qu'il y en ait un qui reste comme agent de liaison à Guayaquil et, en outre, qu'il est plus facile d'obtenir la gratuité pour deux que pour trois. Ça, c'est vrai, mais on pense qu'il y a là anguille sous roche et qu'un amour doit le retenir ici, mais il est si secret sur ses affaires que personne ne sait rien.

J'ai passé une très mauvaise journée, prostré par l'asthme, avec des vertiges et la diarrhée à cause d'un purgatif salin. García n'a rien fait de la journée si bien que l'incertitude persiste.

Le visa pour Panamá est une obsession ; alors que tout était prêt ils ont réclamé quatre-vingt-dix *sucres* [13] de plus que nous n'avions pas à ce moment-là, de sorte que ça a été remis à l'après-midi. J'ai toutefois rencontré le consul qui m'a invité à visiter un bateau argentin. Ils nous ont

13. Unité monétaire de l'Équateur. (N.d.T.)

assez bien traités et donné du maté, mais le consul m'a fait payer religieusement les dix *sucres* de canot. C'est une barcasse du type de la *Ana G* qui est un très grand souvenir pour moi [14]. Je veux noter précisément le fait suivant : les soldats qui s'occupent des bureaux de recrutement portent dans le dos les initiales US.

Nous avons enfin le visa avec sa terrible légende : « Voyage payé de Panamá au Guatemala ». On va faire une fête d'enfer. Aujourd'hui, avec García on a mangé sur le bateau argentin, on a été traités comme des rois, on nous a offert des cigarettes américaines et on a bu du vin, en plus du repas. Le reste de la journée passé à rien faire.

Deux jours de plus : le triste samedi des adieux gênants, le triste dimanche du voyage reporté. Le samedi j'avais presque vendu l'appareil photo mais le résidu bourgeois de mon désir de propriétaire m'a empêché de le faire sur le coup, après c'était trop tard apparemment, je vais le savoir aujourd'hui. La bague on a seulement pu la caser de façon plus ou moins sûre le dimanche soir ; mais le lendemain lorsque tous les projets semblaient ruinés, sans un sou, sans possibilité d'en obtenir, la nouvelle du report du voyage nous a paru comme un cadeau du ciel ; toutefois, quant à la question de la date de départ, l'ingénieur a répondu d'un air dubitatif, « qui sait, jeudi peut-être », notre enthousiasme est retombé bien bas ; cinq jours de plus ça fait cent vingt *sucres* de plus, ça signifie de plus grandes difficultés pour payer, etc., etc.

---

14. Embarcation sur laquelle il s'est enrôlé comme infirmier lors de son voyage à travers les Caraïbes à partir de 1950.

Et maintenant encore des jours et des jours et on n'a pas pu vendre l'appareil et on n'a pratiquement plus rien à liquider si bien que notre situation est assez précaire : par-dessus le marché, pas un *peso*, une dette de cinq cents, virtuellement mille, mais quand, c'est là la question.

Nous allons partir seulement dimanche s'il n'y a pas de nouveau retard dû à quelque contretemps.

Une fois en mer, je passe en revue ces derniers jours. La recherche fébrile de quelqu'un qui veuille bien donner quelque chose pour nos ustensiles vendables, le farouche acheteur de la bague qui finalement s'est dégonflé et le geste définitif de l'ami Monasterio qui a donné cinq cents *sucres* et parlé avec la propriétaire de la pension. Le moment des adieux toujours froid, toujours inférieur à ce que tout un chacun attend, on se trouve à ce moment-là incapable d'extérioriser un sentiment profond.

Maintenant on est dans une cabine de première, qui paraîtra désagréable à ceux qui paient, mais elle est idéale à nos yeux ; nous avons comme camarades de chambre un Paraguayen bavard qui fait un voyage éclair à travers l'Amérique en avion et un Équatorien fanfaron, deux couillons. García a eu le mal de mer et après avoir vomi et avalé un Benadril, il dort à poings fermés. Cette après-midi, il y a une séance de maté avec l'ingénieur.

J'ai appris à Buenos Aires la mort d'une de mes tantes par l'entremise d'un diplomate que j'ai connu au Chili et rencontré par hasard sur le bateau argentin. Il m'a annoncé la nouvelle pratiquement en passant.

Marta n'a aucun intérêt, à ce que l'on dit ; nous ne sommes pas descendus au port, mais le lendemain à

Esmeraldas nous avons vraiment dilapidé notre argent en gaspillant un dollar pour visiter tout le petit village et marquer le départ du pays.

L'un des camarades, l'Équatorien, a retrouvé un cousin qu'il ne connaissait pas mais qui est devenu son grand ami et qui nous a emmenés en balade aux alentours de la petite bourgade en pleine forêt tropicale.

Après cela, nous avons eu une journée entière de mer, ce qui m'a paru magnifique mais n'a pas plu du tout à Gualo García. À la sortie d'Esmeraldas on a trouvé un dindon, c'est-à-dire un passager clandestin : il a été débarqué. Ça m'a rappelé de bons souvenirs d'autres époques.

Nous sommes déjà installés à Panamá [15], sans plans de route, sans rien de sûr, seulement la certitude d'arriver un jour. Il s'est passé des choses incroyables. Par étapes. Nous sommes arrivés et il ne se passait rien, le contrôleur des douanes a tranquillement fouillé nos affaires, l'autre employé a tamponné et gardé nos passeports et nous sommes partis de Balboa, le port où nous avons amarré, pour Panamá City.

Le gros Rojo nous avait laissé l'adresse d'une pension où nous avons atterri et où on nous a installés dans un couloir pour un dollar par jour chacun.

Ce jour-là, il n'y a rien eu de neuf, mais le lendemain on a eu une grande surprise : en ouvrant les lettres au consulat argentin, on en a trouvé une de Rojo et Valdovinos où ce dernier nous annonçait son mariage. Ça nous a laissés vraiment perplexes jusqu'à

15. Dans une lettre datée du 21 octobre 1953, Ernesto estime qu'il arrivera à Panamá entre le 29 et le 30 du mois. Le départ a lieu le 25 octobre.

l'arrivée de la jeune Luzmila Oller [16] qui nous a raconté le mariage en détail. Ils ont provoqué une révolution dans la famille, le père a filé de la maison, la mère ne l'a pas reçu, et le type a poursuivi son voyage vers le Guatemala sans avoir rien fait du tout, même pas, à ce qu'il semble, de caresses sérieuses.

La fille, très sympathique, paraît assez intelligente, mais elle est trop catholique à mon goût.

Le consul argentin va peut-être nous arranger l'affaire, on va peut-être pouvoir écrire dans une revue intitulée *Siete*, je vais peut-être donner une conférence et peut-être que nous mangerons demain.

Rien de neuf, si ce n'est que demain je donne une conférence sur l'allergie, un peu filtrée et chapeautée par l'organisation de la faculté de médecine à Buenos Aires. L'accueil des étudiants a été assez chaleureux. J'ai fait la connaissance de Don Santiago Pi Suñer, le physiologiste, et également celle du Dr Carlos Guevara Moreno, qui m'a impressionné en tant que démagogue intelligent, très au fait de la psychologie des masses mais pas beaucoup de la dialectique de l'Histoire. Il est très sympathique et cordial, et nous a traités avec déférence. Il donne l'impression de savoir ce qu'il fait et où il va, mais il ne mènera pas la révolution au-delà du strict nécessaire pour contenter les masses. C'est un admirateur de Perón. On va peut-être placer deux articles, un dans la revue *Siete* et un autre dans le supplément dominical *Panamá-América*.

Luzmila a enfin reçu une lettre d'Oscar Valdovinos, de seize pages. Elle respire le bonheur.

---

16. Fille d'un député panaméen.

J'ai déjà donné la fameuse conférence devant un public de douze personnes, le Dr Santiago Pi Suñer inclus, vingt-cinq dollars. J'ai écrit une chronique sur l'Amazone, vingt, et une sur Machu-Picchu, probablement vingt-cinq.

On va changer de maison pour une gratuite. On a fait la connaissance d'un tout jeune peintre, pas mauvais gars. Les garçons vont être expulsés de la FUA pour avoir été aux consulats et voyagé dans un avion de la fondation de Guayaquil à Quito, et Valdovinos s'est fait arrêter au Guatemala parce qu'il a fait une déclaration au nom de «jeunes antipéronistes argentins». Je ne sais pas comment ils vont s'en sortir. On a fait une promenade avec Mariano Oteiza, le président de la Fédération des Étudiants de Panamá, on a été à la plage, à Riomar, très agréable.

La chronique sur l'Amazone est parue dans le *Panamá-América* [17], l'autre livre bataille. Notre situation est mauvaise. Nous ne savons pas comment nous pourrons partir d'ici, de quelle façon. Le consul du Costa Rica est un con et ne nous donne pas le visa. Nous avons fait la connaissance d'un sculpteur, Manuel Teijeiro, un type intéressant.

Le combat devient lourd. Comme peintre, Sinclair, qui a étudié en Argentine, un brave type.

Ce qu'il y a de mieux pour l'instant, le trio composé d'Adolfo Benedetti, Rómulo Escobar, Isaías García. Tous très sympas [18].

---

17. «Un coup d'œil sur les rives du géant des fleuves», dans le supplément dominical *Panamá-América*, 22 novembre 1953 (p. 10), et «Machu-Picchu, énigme de pierre en Amérique», dans le supplément hebdomadaire *Siete*, 12 décembre 1953 (p. 18). (Voir Annexe.)

18. Tous membres de la Fédération des Étudiants de Panamá.

On ne connaît pas encore bien le canal, l'autre jour on y est allés, c'était fermé car il était très tard.

Il faut ajouter un binôme : Everaldo Tómlinson, Rubén Darío Moncada Luna.

Les derniers jours à Panamá ont compté pour des prunes. Le consul du Costa Rica n'a pas voulu nous donner le visa sans que nous présentions en plus du billet de départ un autre d'entrée dans le pays, et nous avons eu besoin que Luzmila nous prête l'argent. Nous n'avons pas pu sortir l'appareil photo ni rendre le billet au Costa Rica par la PAA. On a raté une fête d'adieu organisée pour Luzmila, ou plutôt je l'ai ratée, parce que Gualo avait des complexes, vu la manière dont on nous regardait, et ne voulait pas y aller, finalement Luzmila a été un peu froide.

Pour la seconde note, on m'a donné quinze dollars, grâce aux efforts d'un autre brave type : José María Sánchez.

On a quitté Panamá avec cinq dollars en poche, et rencontré au dernier moment une figure intéressante : Ricardo Luti, de Córdoba, botaniste et asthmatique, qui a été sur l'Amazone et dans l'Antarctique et pense faire un voyage en parcourant l'Amérique par le centre et à travers le Paraguay-Amazone-Orénoque : ma vieille idée [19].

Nous sommes maintenant au centre de Panamá, avec les ressorts du camion qui nous emmenait complètement cassés et sans nouvelles du camionneur parti à David chercher des pièces de rechange et qui ne revient pas. On a pris un petit déjeuner composé d'un peu de riz et

19. Voir en annexe la note parue dans le journal *La Hora*, du 10 novembre 1953.

d'un œuf. La nuit les moustiques nous empêchent de dormir, le jour les moustiques nous empêchent de vivre (poétique). C'est une zone relativement élevée pas du tout chaude avec des averses d'arbres et d'eau.

J'ai visité Palo Seco de façon éclair, il y a un couple de Juifs américains qui y vit depuis vingt ans. Ils ne semblent pas avoir de grandes connaissances, mais sont très dévoués aux malades.

Rubén Darío Moncada n'a réussi qu'à moitié. Le chauffeur s'est révélé pire que tout et dans un virage où les freins ont lâché on s'est renversés. J'étais assis sur la partie du dessus et quand j'ai vu ce désastre je me suis jeté le plus loin possible et j'ai roulé encore un peu jusqu'au moment où je me suis arrêté la tête entre les mains. Quand le bruit a cessé j'ai couru aider les autres et constaté que personne n'avait rien sauf moi, qui m'en suis sorti avec un coude râpé, un pantalon déchiré et le talon droit très endolori.

Cette nuit j'ai dormi chez Rogelio, le camionneur, et Gualo sur la route, pour garder les affaires.

Le jour suivant, nous avons raté le train de deux heures de l'après-midi et dû nous contenter de celui de sept heures du matin le lendemain, pour arriver à Progreso et de là « traîner la patte » jusqu'à la côte en territoire costaricien où on nous a très bien reçus. Malgré mon pied blessé, j'ai joué au football [20].

Nous sommes partis tôt le matin et après s'être trompés de chemin, on a trouvé la bonne direction et marché deux heures dans un bourbier, on est arrivés ensuite au terminus du chemin de fer où l'on a négocié avec le contrôleur qui, par hasard, avait voulu aller

20. Date de l'arrivée au Costa Rica, le 1er décembre 1953.

en Argentine mais personne n'en avait tenu compte. On est arrivés au port et on a demandé le billet à la capitainerie, ce qui nous a été accordé, mais on nous a refusé le logement. Deux employés ont eu pitié de nous et nous voilà installés dans leur chambre, couchés par terre et très contents.

La fameuse *Pachuca* (qui transporte des *pachucos*, des vagabonds) partira demain, dimanche, de ce port. Nous avons un lit. L'hôpital est une maison confortable où l'on peut offrir un suivi médical correct et dont le confort varie selon le statut de la personne qui travaille ici, à la Compagnie [21]. Comme toujours transparaît l'esprit de classe des *gringos*.

Golfito est un vrai golfe, assez profond, puisque y entrent parfaitement des navires de vingt-six pieds, avec un petit quai et les maisons nécessaires pour que tiennent comme ils le peuvent les 10 000 employés de la Compagnie. La chaleur est forte, mais l'endroit très joli. Des collines de cent mètres se dressent presque sur la côte, avec des versants couverts d'une végétation tropicale qui ne cède que lorsque l'homme est constamment sur son dos. La ville aussi est divisée en zones bien établies, y compris avec des gardiens qui peuvent interdire l'accès, et, bien sûr, la meilleure zone est celle des gringos. Ça ressemble un peu à Miami, mais bien sûr les pauvres ne sont pas au même endroit et se voient enfermés entre les quatre murs de leurs maisons et le petit groupe qu'elles forment. La nourriture est à la charge d'un brave garçon et déjà bon ami : Alfredo Fallas.

Medina est notre camarade de chambre, un brave type aussi. L'un, costaricien, est étudiant en médecine,

21. Il fait référence à la *United Fruit Company*.

de père médecin ; l'autre, nicaraguayen, journaliste qui s'est exilé volontairement pour fuir Somoza.

La *Pachuca* a quitté Golfito à une heure de l'après-midi et nous avec. On était bien chargés de nourriture pour les deux jours de voyage. L'après-midi la mer s'est un peu déchaînée : le *Río Grande*, c'est son vrai nom, a commencé à voler. Presque tous les passagers y compris Gualo se sont mis à vomir. Je suis resté dehors avec une petite métisse que j'avais séduite, Socorro, plus pute que les poules, du haut de ses seize ans.

Quepos est un autre port bananier, aujourd'hui quelque peu laissé à l'abandon par la Compagnie car ils ont dû remplacer les plantations de bananiers par du cacao et des palmiers oléagineux qui rapportent moins de dividendes à la Compagnie. La plage est très jolie.

Toute la journée a filé entre les déhanchements et les minauderies de la petite métisse et nous sommes arrivés à Puntarenas à six heures de l'après-midi. Là on a dû attendre un bon moment, car six prisonniers se sont échappés et ils étaient introuvables. On est allés à l'adresse que nous avait donnée Alfredo Fallas avec une lettre de lui pour un monsieur : Juan Calderón Gómez.

Le type s'est conduit à merveille et nous a donné vingt et un *colones* [22]. On est arrivés à San José en revivant la phrase méprisante d'un charlatan de Buenos Aires : « L'Amérique Centrale ce sont des *estancias*, il y a l'*estancia* Costa Rica, l'*estancia* Tacho Somoza et ainsi de suite. »

22. Unité monétaire du Costa Rica. (N.d.T.)

Une lettre d'Alberto avec de luxurieux voyages en tête me redonne envie de le revoir. D'après ses plans, il part en mars aux États-Unis.

Ici on a commencé le tir en l'air et sur cible. À l'ambassade on nous a donné du maté.

Les amis escomptés ne semblent pas valoir un pet de lapin, l'un est directeur et speaker de radio, un couillon. Demain on essaiera d'avoir une entrevue avec Ulate.

Une journée passée à moitié pour des prunes. Ulate n'a pas pu nous recevoir, car il était très occupé. Rómulo Betancourt était parti à la campagne. Après-demain on sortira sur le journal du Costa Rica avec des photos et toute une kyrielle de mensonges énormes. Nous n'avons rencontré personne d'intéressant, mais nous avons fait la connaissance d'un Costaricien, ex-prétendant de Luzmila Oller, qui nous a présenté d'autres gens. Demain je connaîtrai peut-être la léproserie du Costa Rica.

J'ai fait la connaissance de deux personnes formidables, mais je n'ai pas vu la léproserie. Le docteur Arturo Romero, un homme d'une vaste culture désormais écarté de la direction de la léproserie à cause d'intrigues, et le docteur Alfonso Trejos, un chercheur et une personne très agréable. J'ai visité l'hôpital et j'irai voir la léproserie seulement demain. On a une journée difficile. Discuté avec un conteur et révolutionnaire dominicain, Juan Bosch, et avec le leader communiste costaricien Manuel Mora Valverde.

L'entrevue avec Juan Bosch a été très intéressante. C'est un homme de lettres aux idées claires et de tendance de gauche. Nous n'avons pas parlé de littérature, simplement de politique. Il a qualifié Batista de chenapan entouré de chenapans. C'est un ami personnel de

Rómulo Betancourt et il l'a défendu chaleureusement ainsi que Prío Socarrás et Pepe Figueres. Il dit que Perón n'a pas d'appui populaire dans les pays américains et qu'en 1945 il avait écrit un article dans lequel il le dénonçait comme le démagogue le plus dangereux d'Amérique. La discussion a été menée en termes généraux très agréables.

L'après-midi nous nous sommes entretenus avec Manuel Mora Valverde, c'est un homme tranquille, plus que cela, lent, mais ses mouvements convulsifs comme des tics indiquent une grande agitation intérieure, un dynamisme freiné par la méthode. Il nous a donné une explication exacte de la politique du Costa Rica ces derniers temps :

« Calderón Guardia était un homme riche, arrivé au pouvoir avec le soutien de la *United Fruit* et des forces des propriétaires fonciers locaux. Il a ainsi gouverné deux ans jusqu'au déclenchement de la guerre mondiale et le Costa Rica s'est rangé du côté des puissances alliées. La première mesure du Département d'État a été d'exiger la confiscation des terres des propriétaires allemands consacrées de préférence à la culture du café. C'est comme ça que ça s'est fait, plus tard on a vendu les terres, ce qui a mené à de sombres négociations dont s'est mêlée une partie de l'équipe ministérielle de Calderón Guardia. Il a perdu le soutien de tous les propriétaires terriens du pays, sauf de la *United Fruit*. Le personnel de cette compagnie, en réaction à l'exploitation, est anti-yankee. Ce qui est sûr, c'est que Calderón Guardia est resté absolument sans le moindre soutien et il lui était même impossible de sortir dans la rue à cause des huées dont il était l'objet. À ce moment-là, le parti communiste lui a offert son soutien en échange de la promulgation de lois ouvrières fondamentales et du renouvellement de son cabinet. Entre-temps Otílio Ulate, homme de gauche à l'époque et ami personnel de Mora, l'a averti que c'était un plan prévu par Calderón Guardia pour le tromper. Mora a poursuivi l'alliance et le gouvernement de Calderón a gagné en popularité au moment d'amorcer les conquêtes ouvrières fondamentales.

« Se posait le problème de la succession au pouvoir, car le mandat de Calderón s'achevait ; les communistes ont proposé un front unique de conciliation nationale afin de poursuivre la politique ouvrière du gouvernement et ils ont proposé Ulate ; le candidat rival León Cortés s'y est formellement opposé en présentant sa propre candidature. À ce moment-là, Ulate a commencé une violente campagne contre les lois ouvrières dans les colonnes de son journal, *El Diario de Costa Rica*, et il s'en est suivi la rupture des partis de gauche et le revirement de don Otilio.

« Les élections ont donné la victoire à Teodoro Picado, un intellectuel pusillanime et abîmé par le whisky bien que ce soit un homme plutôt de gauche et qui a débuté son gouvernement avec le soutien des communistes. Il a poursuivi sa ligne durant tout son gouvernement, même si le chef de la police était un colonel cubain, agent du FBI imposé par les États-Unis.

« Dans les derniers temps, les capitalistes mécontents ont organisé une grande grève de la banque et de l'industrie que le gouvernement n'a pas voulu briser. Les étudiants sont sortis dans la rue, on leur a tiré dessus et il y a eu des blessés. Teodoro Picado a été pris de panique, les élections approchaient et il y avait deux candidats : Calderón Guardia de nouveau et Otílio Ulate. Teodoro Picado, contre l'opinion des communistes, a livré la machine électorale à Ulate et s'est réservé la police. Les élections ont été frauduleuses et les forces d'Ulate les ont remportées. On a déposé un recours en nullité devant le tribunal électoral et demandé une décision quelle qu'elle soit sur les plaintes présentées, en avertissant qu'on se soumettrait à toute décision mais en en demandant une ; le tribunal n'a pas consenti à considérer la plainte, avec le vote acheté d'un des trois juges, d'où le fait qu'elle ait été présentée à la chambre, approuvée et l'élection annulée. À ce moment-là s'est créé le grand procès et les gens étaient en ébullition. Ici une parenthèse.

« Au Guatemala, sous la présidence d'Arévalo avait été formé ce qui s'est appelé les Républiques socialistes des Caraïbes, le président guatémaltèque ayant le soutien de Prío Socarrás, Rómulo Betancourt, Juan Rodríguez, un millionnaire dominicain, Chamorro et d'autres. Le plan révolutionnaire d'origine consistait à débarquer au Nicaragua et à déloger Somoza du pouvoir, car le Salvador et le Honduras tomberaient sans grande résistance ; mais Argüello, un ami de Figueres, a posé le problème du Costa Rica, de sa situation intérieure agitée et Figueres s'est envolé pour le Guatemala. L'alliance a vu le jour et Figueres s'est soulevé à Cartago en prenant rapidement par les armes l'aérodrome, point indispensable pour recevoir de l'aide par air.

« La résistance s'est vite organisée et le peuple a assailli les casernes pour prendre des armes, car le gouvernement ne voulait pas lui en donner. La révolution sans soutien populaire, étant donné qu'Ulate n'y avait pas adhéré, était condamnée à l'échec, mais la victoire allait être remportée par les forces populaires commandées par les communistes ; la bourgeoisie et Teodoro Picado avec elle s'en sont extrêmement inquiétés. Picado s'est envolé pour le Nicaragua, afin de discuter avec Somoza et obtenir des armes, mais là il s'est trouvé qu'assistait également à la discussion un haut fonctionnaire nord-américain qui a exigé de Picado, en échange d'une aide, l'anéantissement du communisme, en garantissant la chute de Manuel Mora et que chaque corps d'arme aille avec son chef, ce qui signifiait l'invasion du Costa Rica.

« Picado n'a pas accepté sur le moment, car cela revenait à trahir les communistes qui l'avaient soutenu tout le temps. Mais la révolution était agonisante et le pouvoir des communistes a fait si peur aux membres réactionnaires du gouvernement que ce dernier a boycotté la défense, jusqu'à ce que les envahisseurs arrivent aux portes de San José et qu'ils abandonnent alors la capitale en s'établissant à Liberia près du Nicaragua. Parallèlement, le reste de l'armée prenait tout le parc disponible et se rendait avec aux Nicaraguayens. On a alors fait un pacte avec Figueres, dont était garante l'ambassade mexicaine devant laquelle les forces du peuple ont déposé les armes. Figueres n'a pas respecté le pacte, mais l'ambassade mexicaine s'est vue dans l'impossibilité de le faire sentir car son ennemi était le Département d'État américain. Mora a été expulsé et l'avion, à bord duquel il voyageait, mitraillé, il en a réchappé par hasard. L'avion a atterri dans la zone nord-américaine de Panamá et, fait prisonnier par la police yankee, Mora a été remis au chef de la police de Panamá, à cette époque le colonel Remón. Les journalistes yankees ont été expulsés quand ils ont essayé de l'interroger, il y a alors eu une altercation avec Remón qui l'a envoyé au cachot. De là il est parti pour Cuba où Grau San Martín l'a aussi expulsé jusqu'à ce qu'il soit transféré au Mexique et puisse revenir au pays à l'époque d'Ulate.

« Figueres était confronté au fait que ses troupes n'étaient composées que de cent Costariciens et quelque six cents hommes qui allaient former la Légion des Caraïbes ; et même si au début il avait notifié à Mora que son programme s'étalait sur douze ans et qu'il ne pensait pas laisser le pouvoir à la bourgeoisie corrompue représentée par Ulate, il a dû accepter un compromis avec ce dernier et s'engager à quitter le pouvoir après un an et demi de gouvernement, un pacte qu'il a respecté après avoir arrangé la machinerie électorale à sa façon et mené une répression organisée et cruelle. Une fois écoulé ce laps de temps, Ulate a pris le pouvoir et l'a conservé durant les quatre années qui lui revenaient. Son gouvernement ne s'est pas caractérisé par la garantie des libertés instituées et le respect des lois progressistes obtenues sous les gouvernements précédents, sauf l'abrogation de la loi de répression des propriétaires terriens, appelée « loi des parasites ».

« Les élections frauduleuses ont vu la victoire de Figueres sur le candidat qui représentait le calderonisme, étant donné que Calderón, proscrit et vexé, est au Mexique. Pour M. Mora, Figueres est un homme avec de bonnes idées sans base scientifique, raison pour laquelle il se perd en divagations. Qu'on dédouble les États-Unis : le Département d'État (très juste) et les trusts capitalistes (les pieuvres dangereuses). Lorsque Figueres perd ses illusions sur la bonté du Département d'État, vient l'inconnue : luttera-t-il ou se soumettra-t-il ? Tel est le dilemme et on verra ce qui se passera ».

Une journée qui ne laissera pas de traces, ennui, lecture et discussions insipides. Roy, un petit vieux, pensionné du Panamá, a débarqué pour se faire soigner car il se sentait mourir à cause d'un ténia. Il a une *salteritis* chronique.

L'entrevue avec Rómulo Betancourt n'a rien eu à voir avec la leçon d'Histoire que nous a donnée Mora. Il me donne l'impression d'être un homme politique avec quelques idées socialistes bien ancrées et pour le reste louvoyant et capable de retourner sa veste pour de plus gros avantages. En principe, il est fermement du côté des États-Unis. Il a dénaturé le Pacte de Río, et passé son temps à dire pis que pendre des communistes.

Nous avons dit au revoir à tout le monde et en particulier à León Bosch, un parfait couillon, et on a voyagé en autobus jusqu'à Alajuela et, de là, en stop. Après diverses péripéties, on est arrivés dans la nuit à Liberia, la capitale de la province de Guanacaste, une petite bourgade infâme et venteuse comme celles de notre province de Santiago del Estero [23].

---

23. Voir en annexe l'article du *Diario de Costa Rica* du 11 décembre 1953, intitulé « Extraordinaire expérience menée en Bolivie ».

Une jeep nous a emmenés jusqu'où la route le permettait et à partir de là nous avons commencé notre marche sous un soleil assez fort. Après dix kilomètres de marche, nous avons rencontré une autre jeep qui nous a emmenés jusqu'à la petite bourgade de La Cruz où on nous a invités à déjeuner. À deux heures de l'après-midi, on a repris la route pour faire vingt-deux kilomètres, mais au bout de cinq ou six kilomètres la nuit est tombée et j'avais affreusement mal à la jambe. On a dormi dans un bac à riz et on s'est disputé toute la nuit la couverture.

Après avoir marché jusqu'à trois heures de l'après-midi et tourné environ douze fois autour d'une rivière, on est arrivés à Peñas Blancas, où on a dû rester vu qu'il n'y avait plus de voitures allant jusqu'à la ville voisine de Rivas [24].

La journée a commencé sous la pluie et aucun camion n'est passé jusqu'à dix heures, si bien que nous avons décidé de défier la bruine et de nous élancer vaille que vaille en direction de Rivas. Sur ce est arrivé le gros Rojo dans une voiture avec une plaque de l'université de Boston. Ils avaient l'intention de traverser le Costa Rica, chose impossible car le sentier boueux dans lequel on est restés parfois embourbés, c'était la route panaméricaine. Rojo était accompagné des frères Domingo et Walter Beberaggi Allende. On est allés jusqu'à Rivas et là, près de la ville, on s'est envoyé de la viande grillée avec du maté et de la *cañita*, une sorte de gin nicaraguayen. C'était un peu d'Argentine transférée à l'« *estancia* de Tacho ». Ils ont poursuivi vers San Juan del Sur pour embarquer à Puntarenas en voiture et nous on a pris l'autobus pour Managua.

24. C'est le moment où il passe au Nicaragua, le 22 décembre.

On est arrivés de nuit et on a commencé notre pérégrination pour trouver une pension ou un petit hôtel le moins cher possible. Finalement on a atterri dans une pension qui nous offrait pour quatre *córdobas* [25] une petite pièce sans lumière.

Le lendemain on a commencé notre pérégrination dans les consulats avec leur cortège d'imbécillités. À celui du Honduras, on a retrouvé Rojo et ses camarades qui n'avaient pas réussi à passer et qui laissaient tomber vu le prix exorbitant qu'on leur demandait. Là, tout s'est décidé rapidement. Nous deux on irait au Guatemala avec Domingo, le cadet des Beberaggi, pour vendre la voiture, et le gros et Walter à San José de Costa Rica en avion.

Ce soir, on a eu une longue réunion où chacun a exposé son point de vue sur le problème argentin. Rojo, Gualo et Domingo étaient radicaux et intransigeants, Walter travailliste et moi franc-tireur, selon le gros. Pour moi, c'était Walter le plus intéressant, il m'a donné une idée du Parti travailliste et de Cipriano Reyes très différente de celle que j'en avais. Il nous a raconté les débuts de Cipriano comme dirigeant corporatiste, le prestige qu'il a progressivement acquis auprès des ouvriers des usines frigorifiques de Berisa et son attitude face à la coalition de l'Union démocratique, choisissant le Parti travailliste – fondé à ce moment-là –, le parti de Perón, tout en sachant parfaitement ce à quoi il s'exposait.

Une fois les élections passées, Perón a ordonné l'unification du parti, dissolvant ainsi le parti. A débuté alors

25. Unité monétaire du Nicaragua. (N.d.T.)

dans les chambres un violent débat où les travaillistes sous la direction de Cipriano Reyes ne cédaient pas. Finalement des discussions se sont engagées en faveur d'un coup d'État révolutionnaire dirigé par les militaires représentés par le brigadier de la Colina, son assistant Veles, celui qui l'a trahi en racontant tout à Perón.

Les trois principaux leaders du parti, Reyes, Beberaggi et García Velloso, ont été emprisonnés et torturés, le premier sauvagement. Après un certain temps, le juge Palma a ordonné la liberté conditionnelle des détenus qui sont restés sous surveillance policière, pendant que le procureur faisait appel du jugement. Au moment où la chambre se réunissait, Beberaggi a réussi à s'échapper et à gagner l'Uruguay par un moyen secret; tous les autres ont été emprisonnés et sont toujours en prison. Walter est allé aux États-Unis pour se former comme professeur d'économie et là, dans une série de conférences radiodiffusées, il a été radical pour qualifier le régime de Perón. On lui a retiré la citoyenneté argentine.

Le matin, on est partis vers le nord après avoir laissé les autres dans l'avion et on est arrivés à la frontière sur le point de fermer. Notre avoir était de vingt dollars. Du côté du Honduras, on a dû payer. On a continué en traversant toute l'étroite frange de ce pays et on est tombés sur l'autre frontière, mais on ne pouvait pas payer parce que c'était très cher. On a dormi à la belle étoile, eux sur des matelas pneumatiques, moi dans un sac de couchage.

On a traversé la frontière les premiers et continué vers le nord. Le voyage était très lent étant donné la quantité de pneus crevés qu'ils nous avaient laissés avec des pièces de rechange lamentables. On est arrivés à San Salvador et on s'est employés à obtenir les visas à l'œil, ce qui a marché par l'intermédiaire de l'ambassade argentine.

On a continué la route jusqu'à la frontière [26] où nous avons payé le supplément de prix en livres de café ; de l'autre côté ça nous a coûté une lanterne mais nous étions enfin en chemin, même si nous n'avions que trois dollars en poche. Domingo a eu sommeil et on a dormi dans l'auto.

Après quelques petites péripéties, on est arrivés à l'heure du petit déjeuner à la pension d'Oscar et Luzmila, mais on les a trouvés à moitié fâchés avec la propriétaire, si bien qu'on a dû chercher une autre pension pour recommencer à nous endetter. Le soir, 24 décembre, on est allés réveillonner chez Juan Rothe, ingénieur agronome, marié à une jeune femme argentine, qui nous a reçus avec la cordialité de vieux amis. J'ai beaucoup dormi et trop bu, ça m'a immédiatement rendu malade.

La série de jours suivants je l'ai passée avec une crise d'asthme carabinée et désespérante, immobilisé pour cette raison et à cause des jours de fête. J'étais bien pour le 31, mais j'ai fait une diète exemplaire durant cette fête.

Des personnes intéressantes avec lesquelles j'aurais pu parler, je n'en ai connue vraiment aucune. Un soir j'ai eu une longue discussion avec [Ricardo] Temoche, ex-député de l'Apra. Si on l'écoute, le principal ennemi de l'Apra, c'est le Parti Communiste. Il n'y a

26. Leur arrivée au Guatemala a eu lieu entre le 23 et le 24 décembre 1953. (Voir Annexe.)

pas d'impérialisme ni d'oligarchie qui tienne, les bolchos sont des ennemis irréconciliables. À la même fête, il y avait un économiste de la taille de Carlos Dáscoli, avec qui je n'ai pas pu parler à cause de la cuite qu'il tenait. Après ma crise, et à la fin des fêtes, on a assisté à la rupture de la romance que Domingo Beberaggi vivait avec une jeune fille, Julia, et qui avait l'air sérieuse. Domingo a vendu la voiture et s'est envolé pour le Costa Rica.

Juan Rothe part au Honduras comme technicien et a offert un barbecue pour son départ. Ça a été formidable en tous points. Le seul qui n'était pas saoul, c'était moi, car je faisais la diète. J'ai rendu visite à Peñalver[27], un adepte d'*Acción Democrática* qui s'est un peu bougé pour m'obtenir quelque chose. Je suis maintenant proche du ministre, mais ça ne va pas donner grand-chose.

Dans un autre domaine, j'ai connu un *gringo* étrange qui écrit des idioties sur le marxisme et les fait traduire en espagnol. L'intermédiaire est Hilda Gadea[28] et ceux qui triment, Luzmila et moi. Jusqu'à présent, on a touché vingt-cinq dollars. Je donne des cours d'anglais-espagnol avec le *gringo*.

Autre acquisition : le couple Valerini. Elle est très jolie, lui, très alcoolo, mais brave type. Ils doivent nous présenter une éminence grise dans le gouvernement : Mario Sosa Navarro, on verra ce qui en sort.

---

27. Un exilé vénézuélien avec lequel il a été en relation par la suite au Mexique.

28. Exilée de l'Apra qui deviendra la première épouse du Che. Le *gringo* est le professeur Harold White. Après la victoire de la Révolution, il a été invité par le Che à visiter Cuba, où il est resté jusqu'à sa mort en 1968.

Les jours passent sans que rien ne se résolve. L'après-midi, je travaille un moment avec Peñalver, mais il ne me paie rien. Le matin je vais vendre des tableaux de mon Christ, d'Esquipulas, adoré par les gens du lieu, mais je ne gagne rien non plus, faute de ventes. Parmi les gens intéressants que j'ai connus il y a Alfonso Vanergais, qui est avocat, président de *Banco Agrario* et personne bien intentionnée. Edelberto Torres (le fils) est un jeune étudiant communiste, fils du professeur Torres [29], qui a écrit une biographie de Rubén Darío. Il a l'air d'un brave gars. Pas de nouvelles de l'éminence grise. Avec le gros Rojo et Gualo, on a eu une discussion exaltée sur des questions politiques chez un ingénieur du nom de Méndez.

Toujours pareil quant à la possibilité de trouver du boulot. Les démarches administratives auprès du ministre de la Santé publique ont échoué. Pour l'instant, la seule chose apparemment juteuse est un contrat d'annonces à la radio qui, même s'il ne nous a encore rien donné, promet quelque chose. Nous n'avons fait aucune connaissance intéressante durant ces derniers jours. Je prends de l'Acth de huit heures du matin à deux heures et quelques de l'après-midi, je me sens bien.

Aucune perspective proche : après nous avoir fixé un rendez-vous l'éminence grise ne s'est pas présentée.

Samedi sans intérêt. La seule bonne chose a été une conversation nourrie avec Mme Helena de Holst [30], proche sur certains points des communistes et qui m'a donné l'impression d'être une personne très honnête.

---

29. Il fait référence au prestigieux intellectuel nicaraguayen Edelberto Torres Rivas.

30. Exilée hondurienne.

Le soir, discussion avec Mujica [31], Hilda et une petite aventure avec une institutrice. À partir d'aujourd'hui j'essaierai d'écrire mon journal tous les jours et d'aborder un peu la réalité politique du Guatemala.

Dimanche sans nouveauté, jusqu'au soir où l'on est venu me chercher pour soigner un des Cubains [32] qui se plaignait de fortes douleurs au ventre. J'ai fait appeler une ambulance et on est restés jusqu'à deux heures à l'hôpital, heure à laquelle le médecin a décidé qu'il fallait attendre avant d'opérer, et on l'a laissé en observation.

Auparavant, lors d'une fête chez Myrna Torres, j'ai fait la connaissance d'une fille qui a fait un peu attention à moi et m'a offert la possibilité d'obtenir un poste à quarante *quetzales* [33]. On verra.

Encore un jour sans intérêt. Il y a en perspective dix *quetzales* (une commission de vingt-cinq nous revient) et une maison. On verra. Le Cubain, dans sa chambre, il fallait voir ce qu'il devenait.

Encore un jour sans intérêt. Un refrain qui a l'air de vouloir se répéter de façon alarmante. Gualo a disparu toute la journée, il n'a rien fait, et moi j'en ai profité pour ne rien faire non plus. Le soir je suis allé visiter le collège où je travaillerai peut-être.

Rien de neuf ne s'est passé. On a discuté avec l'ambassadeur bolivien, un brave homme et même plus quant à sa formation politique. Le soir, on est allés à

---

31. Nicanor Mujica Álvarez, dirigeant de l'Apra exilé.

32. C'est la première fois qu'il mentionne dans son journal les Cubains assaillants de la caserne Moncada, exilés à cette époque au Guatemala. Il entre en contact avec eux par l'intermédiaire de Myrna Torres, fille du professeur Edelberto Torres, un ami de Hilda Gadea.

33. Unité monétaire du Guatemala. (N.d.T.)

l'ouverture du 2e Congrès syndical de la CGTG [34], un méli-mélo, mis à part le discours du délégué de la FSM, qui est bon orateur.

Encore et… On a publié des preuves selon lesquelles le complot dont on parlait existait réellement. On a obtenu la possibilité d'une annonce, mais il faut présenter un programme dans les règles de l'art. Je suis représentant en peaux et en annonces lumineuses, pour le poste, rien. Maté en abondance.

Une nouvelle journée sans intérêt. Du côté de Díaz Rozzoto [35], il n'y a rien à espérer. Je suis sorti avec une fille qui a de l'avenir. Anita nous a demandé l'argent de la pension et Hilda ne peut pas nous donner plus de dix dollars. On en doit soixante ou plus. Demain c'est dimanche, il n'y a donc pas de quoi tomber dans les pommes.

Deux journées de plus sans qu'aucun événement important ne change notre routine. J'ai davantage d'asthme mais je pense que je vais le maîtriser. Gualo part au Mexique avec le gros Rojo pour un mois. J'ai une lettre pour le gérant de l'IGSS [36], Alfonso Solórzano, on verra ce que ça donne. Si rien de tout cela n'aboutit, un de ces mois prochains je prendrai mon baluchon et j'émigrerai aussi au Mexique. J'ai écrit un article grandiloquent qui s'intitule le « Dilemme du Guatemala » [37], mais ce n'est pas pour publier plutôt pour me faire plaisir, rien de plus […] [38].

34. Confédération générale des travailleurs du Guatemala.

35. Jaime Díaz Rozzoto, secrétaire de la présidence.

36. Institut guatémaltèque de Sécurité sociale.

37. Publié par la suite dans *Aquí va un soldado de América, op. cit.*(pp. 68-74).

38. Les crochets avec des points de suspension indiquent, à chaque fois qu'ils apparaissent dans le texte, des expressions strictement personnelles.

Question asthme ça va de pire en pire, j'ai commencé à prendre du maté et j'ai arrêté les galettes de maïs, ça continue à empirer. Demain je pense me faire arracher une dent pour voir si ça vient de là. De plus je verrai si je résous enfin le problème des devises.

De nouvelles journées à coller dans le journal. Pleines de vie intérieure et rien d'autre. Collection d'échecs de tout type et inaltérables forgeuses d'espoir. Décidément, je suis d'un fatalisme optimiste. Ces jours-ci je les ai passés avec mon asthme, les derniers, confiné dans ma chambre sans sortir pour ainsi dire, même si hier, dimanche, nous sommes allés avec les Vénézuéliens et Nicanor Mujica à Amatitlán. Là-bas il y a eu une violente discussion, tous étaient contre moi, sauf le gros Rojo qui déclare que je n'ai pas la stature morale pour discuter. Aujourd'hui je suis allé voir pour un poste où il y a des possibilités comme médecin à quatre-vingts balles par mois pour une heure de travail. À l'IGSS on m'a déjà clairement assuré qu'il n'y a pas de poste. Solórzano a été aimable et concis. La journée peut maintenant s'achever par le vieux point final. On verra.

Mais on n'a rien vu. Comme je n'étais pas en mesure de bouger, j'ai envoyé Gualo déposer mon diplôme, mais ensuite il s'est trouvé que Herbert Zeissig demandait d'autres renseignements sur moi, si j'étais affilié au parti ou non, etc. Hilda n'a pas parlé avec Mme Helena de Holst mais… lui a envoyé un télégramme. L'asthme persiste. Gualo se prépare à partir.

Deux nouvelles journées ajoutées à cette succession et rien de neuf, hormis elles. Je n'ai pas bougé à cause de mon asthme, qui annonçait apparemment une crise violente avec des vomissements. Elle a eu lieu hier au soir. Helenita de Holst a déjà essayé d'entrer en relations avec moi, c'est de là en réalité que j'espère le plus. Hilda Gadea continue à s'inquiéter beaucoup pour moi, elle passe constamment me voir et m'apporte des choses. Julia Mejías m'a trouvé une maison à Amatitlán pour passer le week-end. Herbert Zeissig s'est dérobé à la décision définitive en m'envoyant voir V. M. Gutiérrez pour m'assurer du soutien du parti communiste, ce qui me paraît très douteux.

Encore une nouvelle journée, bien que l'espoir renaisse avec ma santé qui commence à s'améliorer. Aujourd'hui c'est l'ultime veille, car Gualo part définitivement demain à l'aube, il ne dort pas ici. La pension a été à moitié payée par Rojo. Je dois quarante-cinq *quetzales*. Je ne sais pas encore si demain je vais à Amatitlán ; lorsque Gualo arrivera, je saurai avec certitude si oui ou non.

J'ai rendu visite à Mme Holst qui m'a reçu très aimablement mais ses promesses, sincères sans aucun doute, sont soumises à ce que dira le ministre de la Santé publique, qui m'a déjà vertement envoyé sur les roses. Dans la soirée, j'ai rendu visite à Julia Valerini qui a perdu un enfant et a passé toute la journée avec un mal de tête atroce.

Deux journées à n'en plus finir, j'ai senti un froid étrange surtout la nuit que j'ai passée à la belle étoile, avec des tremblements et je ne sais quoi d'autre. C'était après un Festival de la Jeunesse qu'organisait Myrna et auquel je suis allé en compagnie d'Hilda pour changer ; après j'ai filé dormir au bord du lac et c'est là qu'est arrivé l'épisode des tremblements, etc. Le lendemain, dimanche, j'ai acheté quelques provisions sur le marché et je suis parti en marchant très lentement vers l'autre rive du lac, sur des solfatares je me suis payé une super sieste, j'ai essayé de prendre du maté mais l'eau était trop amère. À la tombée de la nuit j'ai fait du feu pour les grillades, mais les bouts de bois étaient pourris, j'avais déjà froid et les grillades étaient merdiques. J'en ai jeté la moitié dans le lac pour qu'il ne reste pas de traces de cette ignominie.

Je suis parti en marchant lentement et j'ai rencontré un type soûl grâce auquel le chemin m'a semblé plus court. Une camionnette nous a pris et je suis arrivé ici.

Lundi il n'y a rien eu d'extraordinaire, à part l'annonce provenant de Peñalver à propos d'un poste de médecin qu'il est en train de me dégoter. Mme Holst ne connaît personne du PAR, qui est le parti qui domine la section en question, en tout cas, pas suffisamment pour lui demander une chose pareille. On verra.

Journée de désespoir conscient, c'est-à-dire non basé sur des crises cyclothymiques, mais sur l'analyse froide de la réalité. Mon poste comme contremaître dans l'affaire de l'Argentin, je l'ai et c'est le seul fixe. Pour ce qui est du reste j'ai renoncé à celui de médecin des syndicats, j'ai en suspens un poste dans une communauté paysanne et un autre obtenu par Helenita de Holst. J'ai fait la connaissance de Pellecer [39], personnellement, couci-couça.

Le reste suit son cours de tous les jours, je fais la connaissance de gens à droite et à gauche. Si les choses

39. Carlos Manuel Pellecer, dirigeant paysan de filiation communiste.

continuent ainsi, je garde un temps le poste d'afficheur, de quoi payer mes frais et je mets les bouts. On verra.

J'ai enfin reçu une lettre de la maison et je sais à quoi m'en tenir pour le maté, rien du tout. La journée s'est très bien passée parce que je me sentais sans énergie et j'ai fichu le camp dans ma chambre pour faire la sieste. Le chef Dícono n'est pas venu, seulement sa femme, elle m'a offert une mangue comme pour se tirer d'affaire.

Demain j'irai peut-être à la campagne voir le poste dans la colonie.

Plusieurs jours ont passé, deux d'entre eux dans la colonie La Viña, un endroit splendide, avec un paysage comme dans les Sierras Grandes de Córdoba, avec un potentiel humain permettant de bien travailler, mais il manque l'essentiel, l'envie d'avoir un médecin, payé par eux. Tout était très bon, mais au retour j'ai senti que quelque chose ne m'avait pas réussi et j'avais si mal à l'estomac que j'ai dû vomir tout mon repas, pour me calmer un peu. On a passé le jour suivant à Chimaltenango, une petite bourgade où se déroulait le Festival de la Jeunesse. L'endroit était très joli et chacun faisait ce qui lui plaisait, si bien qu'on a formé le petit groupe de toujours avec Hilda Gadea, le *gringo* et une Hondurienne [...].

Le lundi il n'y a rien eu de spécial sauf que c'est un jour de plus qui nous rapproche du but : le 1er mai.

Après un raté sur la question de la présentation, je suis allé à la ferme avec Peñalver et il a présenté avec pas mal de démagogie ma candidature pour la place. Le directeur m'a demandé combien je voulais gagner et je suis descendu jusqu'à cent *quetzales* pour deux fois par semaine, à condition qu'ils en dépensent vingt-cinq par mois en matériel de laboratoire. Samedi, je dois y retourner pour voir ce qu'ils ont décidé sur la question.

L'affaire de la ferme : très obscure. Réponse différée. Je suis allé à Tiquisate et j'ai raté mon coup, mais il reste un espoir pour un poste moins important, avec le gîte et le couvert. Il ne reste que la proposition de Mme Holst et puis celle de l'Argentin, on verra demain.

Ce n'est pas pour demain, mais après-demain et, évidemment, on n'a rien vu, et on ne verra rien, à ce qu'il semble, dans un avenir proche. J'ai déjà essayé, tout à fait décidé, de voir Guerrero, mais je n'ai pas réussi à le localiser. La seule chose digne d'être mentionnée est une lettre de maman où elle m'annonce que Sara [40] a été opérée et que c'est assez grave, puisque on lui a trouvé un cancer dans le gros intestin.

Aujourd'hui, par contre, j'ai eu une grande joie. C'est Julia Mejía qui m'a présenté García Granados et ce dernier m'a dit qu'il me donnait un poste pour aller au Petén avec un salaire de cent vingt-cinq dollars. Il manque l'autorisation du syndicat, que j'essaierai d'obtenir demain. Si ça pouvait se faire, ce serait très bien. Demain peut être le jour d'une nouvelle déconvenue ou mon grand jour au Guatemala.

Je suis optimiste.

Plus tant que ça et de loin. J'ai parlé avec Sibaja, mais il ne m'a apparemment pas écouté ; demain à quatre heures il me donnera une réponse définitive pour savoir s'il a pu ou non influencer le chef du syndicat ; d'autre part, c'est aussi demain que Lily parlera avec son

40. Sara de La Serna, sœur de la mère d'Ernesto.

frère. Je vais probablement me retrouver à nouveau à zéro. On verra. Le travail de géographie se poursuit même si aujourd'hui j'ai pas mal paressé.

Deux nouvelles journées et aujourd'hui un peu d'espoir. Hier il ne s'est rien passé.

Sibaja n'est utile en rien, et aujourd'hui je suis allé par moi-même voir le chef du syndicat. Un homme qui a envie de conserver son poste, anticommuniste, intrigant il me semble, mais visiblement prêt à m'aider. Je n'ai pas été suffisamment prudent, mais je n'ai pas pris trop de risques non plus. Il me donne la réponse définitive mercredi.

Deux nouvelles journées à ajouter au concert de lamentations, mais avec deux soldes positifs. Hier j'ai visité l'ancienne maison du fameux frère de Lily, très intéressé par l'argent mais avec un bon cabinet et un petit laboratoire. Sa femme est une Italienne qui a accru mon envie de voyager en Europe. Elles ont quelque chose qui manque aux Indo-Américaines. J'avais un peu d'asthme, ça avait l'air de vouloir augmenter, mais j'ai avalé plusieurs comprimés de Ross et ça s'est arrêté. L'événement positif d'aujourd'hui a été l'arrivée d'un kilo de maté, sans compter la lettre d'Alberto et de Calica où ils m'annoncent du fric et me font rêver un moment avec ça. Le livre d'Hilda continue à avancer peu à peu, mais c'est assez lourd. Demain je tâcherai d'aller au service de Santé pour étudier un peu les maladies parasitaires.

Deux journées de plus où apparemment il ne s'est rien passé. Pourtant la chose paraît déjà définitivement acceptée en ce qui concerne le départ au Petén [...]

Le Petén me met face à mon problème d'asthme et moi, face à face, et je crois que j'en ai besoin. Je dois m'en sortir sans moyens et je crois que j'y arriverai, mais il me semble aussi que la victoire sera davantage l'œuvre de mes conditions naturelles – plus grandes que mon subconscient ne le croit –, que de la foi que j'y mettrai. Quand j'entendais les Cubains faire des affirmations grandiloquentes avec une sérénité absolue, je me sentais tout petit. Je peux faire un discours dix fois plus objectif et sans lieux communs, je peux le faire mieux et je peux convaincre l'auditoire que je dis quelque chose de juste mais je ne me convaincs pas, les Cubains si. Ñico [41] laissait son âme dans le micro, c'est pourquoi il enthousiasmait même un sceptique comme moi.

Trois jours de plus et rien de neuf, sauf une crise d'asthme qui me tient reclus dans « mes appartements ». C'est dimanche et Hilda est allée au port, je ne m'en suis pas senti le courage. Pour le poste il n'y a rien de définitif, même si je suppose que la réponse finale sera oui. Je voudrais que cela se résolve d'une façon ou d'une autre pour pouvoir définir ma situation. Économiquement, les mois de forêt ne serviront qu'à me laisser sans dettes et avec un appareil photo.

L'avenir, quant au pays, est obscur, j'écrirai à Alberto. Il semble que l'asthme s'est calmé.

Demain, si je ne me sens pas beaucoup mieux je ne bougerai pas d'ici. Le travail ne se résout pas, mais il paraît qu'en principe c'est bon, dans deux jours il y a une nouvelle communication et il se peut qu'elle soit définitive. On verra…

41. Antonio (Ñico) López, assaillant de la caserne Moncada et futur participant à l'expédition du Granma, mort au combat.

Deux nouvelles journées au soleil, il s'est passé peu et beaucoup de choses. Le poste continue à la dérive, mais donne l'impression qu'il est pour moi. J'ai parlé avec le chef du syndicat et il m'a dit de présenter une liste de choses à exiger du fournisseur.

Encore deux journées, mais sans rien régler définitivement. Moi je me dis maintenant que je vais au Petén même si je n'ai pas la moindre assurance qu'il en soit ainsi. Je suis en train de préparer une liste des choses nécessaires. Je brûle de partir. Lundi, peut-être que tout sera tranché. Demain, Myrna part s'aventurer au Canada.

Myrna est déjà partie en laissant un solde de cœurs brisés et sans savoir ce qu'elle veut, mais ce qui est grave c'est que je ne sais pas si je pars. Toujours la même incertitude…

Et encore des mauvaises nouvelles. C'est une histoire à n'en plus finir. Ce fils de pute d'Andrade ne m'a même pas reçu et m'a fait demander, dans la matinée, ce que je voulais, deux fois. Je suis dans l'attente et je ne sais pas quoi faire.

Encore deux journées où il ne s'est rien passé. Ma première décision d'écrire immédiatement au docteur Aguilar [42] est resté lettre morte car je ne veux le faire que si aujourd'hui ils me répondent que non ou par une nouvelle échappatoire. Le docteur García Granados a également été froid. Seule Julia me répond.

Du boulot, que dalle. J'ai encore dans la poche la lettre du docteur Aguilar. Dans un moment j'essaierai de voir ce fils de pute d'Andrade pour qu'il me dise

42. Le docteur Juan Ángel Núñez Aguilar, agronome et économiste hondurien, président à cette époque de l'Institut pour le développement de la production du Guatemala (Infop).

quelque chose. Je suppose que rien. J'ai toute ma correspondance arrêtée à cause de ça.

L'enthousiasme dépend de la santé et des circonstances, les deux me font défaut. Le poste du Petén paraît de plus en plus lointain. La lettre pour le docteur Aguilar est déjà partie, mais, évidemment, je n'ai pas encore reçu de réponse. L'affaire devient merdique. Je ne sais plus quoi foutre. J'ai envie de m'envoler au diable : au Venezuela peut-être.

Encore des journées, sinon savoureuses en événements, du moins en promesses. De Tiquisate, aucune nouvelle. De Buenos Aires, la nouvelle de la mort de ma tante Sara. Du Petén, on n'en parle même plus. De la pension, qu'on paie. Du *gringo*, que la nourriture de la nouvelle pension ne lui plaît pas, que si ça ne s'améliore pas j'y aille à sa place. De Mme Holst, que j'aille vivre chez elle. Voilà un extrait des dernières choses qui se sont passées. Je fais un stage au laboratoire du service de Santé au cas où on m'appellerait de Tiquisate, pour le reste je laisse faire pour voir ce qui va se passer. Samedi, dans deux jours, je me suis engagé à payer la pension, un mois pour le moins, mais je ne sais pas avec quel fric.

Plusieurs jours ont passé et une série de nouveaux événements, sans grande importance pour l'avenir, mais gigantesques aujourd'hui, se sont produits. Les choses ont mal tourné à la pension, car samedi je n'ai même pas pu payer cinq centimes. J'ai laissé ma montre et une chaîne en or en gage. Après avoir engagé mes bijoux, je suis parti à Tiquisate et en chemin mon asthme s'est réveillé, comme un présage de ce que ça sera si je parviens à y aller. Le docteur Aguilar a été de nouveau concis ; il y a un poste de laborantin, mais à condition d'avoir tous les papiers en règle. Je m'en occupe en ce moment. Mme Holst m'invite chez elle ; j'irai probablement mais je n'ai encore rien répondu de définitif... Demain j'arrête de fréquenter la merde pour me mettre dans le sang. Sara de La Serna, ma tante, est morte d'une embolie provoquée par l'ablation d'une tumeur maligne du gros intestin. Je ne l'aimais pas, mais sa mort m'a impressionné. C'était une personne saine et très active, elle paraissait à des kilomètres d'une mort pareille. Mais c'est pourtant la solution, car sa maladie l'aurait laissée dans un état insupportable pour elle.

Une journée absolument dépourvue de mouvement. Haya de La Torre est passée par le Guatemala... Il est arrivé une lettre de Gualo où il me raconte qu'on a enfin donné un visa au gros Rojo. Une lettre de Beatriz aussi, où elle me raconte qu'un autre kilo de maté part de Buenos Aires. Demain je verrai le secrétaire du ministre pour voir ce qu'il me raconte au sujet de la résidence.

Les journées continuent à passer mais maintenant je m'en fous. Peut-être qu'un de ces jours j'emménagerai chez Helenita Leiva, peut-être que non, mais de toute façon je sais que l'affaire doit se régler d'une manière ou d'une autre et je ne me prends plus la tête.

Pour ce qui est des postes : la résidence, il n'y a rien à escompter avant la fin de la Semaine Sainte, le ministre de la Santé publique a dit qu'il demanderait où je voudrais et je sais qu'à Livingstone sur la côte Atlantique il y en a un, lundi Helenita lui demandera ce poste pour moi. Hilda dit qu'elle va aussi en demander un pour moi à l'OEA. On verra ce qu'il sort de tout ça, mais je ne me fais pas beaucoup d'illusions. Je suis déjà décidé et un de ces jours je vais écrire en Chine pour voir ce qu'ils me disent.

Rien de neuf sous le soleil.

Dimanche, nous sommes allés à San José Pinula où se trouve une Ville des Enfants, dont le nom est un peu prétentieux car ce sont juste deux petits pavillons qui abritent quarante enfants mais comme effort c'est intéressant. Le directeur est le docteur Orozco Posadas, à moitié fou, mais qui a fait une œuvre digne d'être reconnue. La ville accueille les enfants de la maison de redressement et on leur donne une bonne alimentation, un bon gîte, une instruction scolaire et on leur apprend à travailler la terre et on les forme à un métier. Les gamins sont ravis. Sur mes possibilités de travail, il n'y a rien de neuf sauf un poste de professeur de statistiques proposé par Hilda qui travaille pour l'OEA et aussi que Núñez a promis d'en parler au ministre des Relations extérieures pour qu'il me donne la résidence.

Le poste de professeur, c'est des paroles en l'air, il n'y a rien... Au retour de San Juan Sacatepéquez, on est tombés sur une procession de pèlerins encapuchonnés qui portaient le Christ sur leur dos avec des cierges et des mines patibulaires, on est passés à côté d'eux et il y a eu un moment que je n'ai pas du tout aimé mais alors pas du tout, c'est quand ceux qui tenaient des lances sont passés en nous regardant de travers.

On a dû arriver au Guatemala dans une jeep qui nous a pris cinq dollars pour huit personnes. Le lendemain, c'est-à-dire aujourd'hui, je l'ai passé à écrire, à manger chez Holst, à jouer à la canasta, et à regarder les livres du *gringo*, tous en anglais, mais très intéressants. Mes progrès dans cette langue ne me permettent pas encore de me lancer dans ces énormes pavés, mais j'ai plusieurs revues, entre autres, une physiologie du système nerveux de Pavlov.

Il s'est passé plusieurs jours sans que rien ne vienne changer cette vie de con… Le *gringo* m'a invité à venir voir un film sur Rimski-Korsakov, russe. Très bonne musique et une femme émouvante quand elle chantait, mais comme toujours la trame était lourde et lente et les acteurs pas très performants dans leurs rôles, sauf le personnage principal qui était très naturel.

Mon autorisation de résidence reste comme jusqu'à présent en suspens. Núñez Aguilar se bouge et demande, mais je ne sais pas si on l'écoutera, on verra.

Núñez Aguilar se bouge et demande mais pas tant que ça et moi non plus je ne fais pas grand-chose pour ça. Pour le reste, tout est pareil, à part qu'Hilda m'a raconté qu'elle pense aller en Chine, et il se trouve que c'est pour un ou deux ans. Je lui ai conseillé de bien y réfléchir. Evidemment elle est prête à quitter l'Apra. Je continue mon système de nourriture. Maman m'a écrit que Sara lui a laissé 250 000 dollars dans son testament, ce qui va lui faire grand bien.

Des journées sans aucun mouvement. Ce qui va arriver, je ne sais pas, ce qui est sûr c'est que je vis et que je ne perds pas du tout mon temps. J'ai reçu de Buenos Aires un autre kilo de maté. Bien sûr que c'est différent maintenant parce que ma mère a de la « thune ». Je ne sais pas comment se poursuivra l'affaire de la résidence, de la même façon je suppose ; demain je vais parler à Núñez Aguilar pour voir ce qu'il est sorti de tout ça.

D'autres journées qui n'ajoutent rien au Guatemala. La résidence, il y a des moments où elle me pèse et d'autres où il semble que je vais l'obtenir. Morgan est un couillon en fin de compte. Je suis allé avec le *gringo* à Chimaltenango dans l'autobus du ministère de l'Éducation. On donnait à une école le nom de Pedro Molina, le grand homme guatémaltèque. Don Edelberto a bien parlé, mais le représentant de la Steg qui a pris la parole n'a fait que répéter des lieux communs de politique politicienne.

Ma décision est prise. Inébranlable et héroïque : je m'en vais n'importe où dans quinze jours, si rien n'est résolu au sujet de la résidence. Je pense le faire par jeu ; j'ai déjà averti la pension, je vais mettre peu à peu chaque chose en lieu sûr, où il faut, dans des boites que je demanderai à Ernesto Weinataner. Pour le reste, pas grand-chose à dire, on a vu une représentation d'*Électre* de Sophocle, très mauvaise. Il est arrivé un kilo d'adrénaline qu'envoie Alberto de là-bas, du Venezuela, et une lettre où il me demande de venir, ou plutôt, il m'invite à venir. Je n'en ai pas très envie.

Les médicaments qu'Alberto m'a envoyés du Venezuela sont arrivés, en quantité et qualité, si bien que cela a suffi pour me remonter le moral, et en plus on m'a enfin convoqué à la police, ce qui est une étape préalable à la résidence, après avoir subi au ministère un siège pire que celui de Dien Bien Phu, dont la chute renforce ma conviction selon laquelle l'Asie se libérera des colonialistes.

Ma vie s'écoule d'une manière si monotone que ça ne vaut presque pas la peine de raconter quoi que ce soit. Lundi je pense m'initier à la *Cardiolopina* et à la *Halner* pour avoir tout prêt vendredi et partir d'ici où j'ai payé jusqu'à samedi. Je ne crois pas que mes affaires se règlent avant cette date, si bien que j'irai à Quezaltenango, j'y resterai le temps que je pourrai et puis je reviendrai une journée pour accélérer les choses et je filerai à nouveau à travers champs. On verra (une formule abandonnée depuis quelque temps).

Le jour où je vais prendre une direction quelconque approche. J'ai déjà brûlé mes vaisseaux en annonçant à cor et à cri que je m'en allais. Si Lily maintient son invitation j'irai à Quezaltenango [...] à moins que je ne file vers le lac et essaye de monter sur un volcan. Si rien de tout cela n'arrive, je pars dans la zone de Quiriguá. Si je peux avec l'appareil du *gringo*. La résidence est au point mort et je ne sais pas quand ça se débloquera et ça m'est égal. Julia Mejías m'a déjà prêté une valise pour que je la remplisse de livres et lui envoie pour qu'elle les garde. Les vêtements, je vais probablement les laisser chez le *gringo*, car Helenita ne m'a plus parlé au téléphone, si bien que les bonnes affaires sont terminées. Il a paru une information qui indiquerait que l'exécutif va traiter maintenant les cas d'équivalences et en quinze jours, ce serait magnifique si c'était vrai et qu'on me donne la résidence. De Buenos Aires j'ai appris que quatre kilos de maté vont m'arriver par bateau, ce sera dans quelques mois, mais ça ne fait rien, j'aurai aussi le *Gráfico*. Il n'y a rien de nouveau à aucun autre ordre.

Il a coulé beaucoup d'eau sous les ponts. Le jour dit j'ai quitté la pension au milieu de la consternation de toute la famille. Ce jour-là je suis allé avec Hilda à San Juan Sacatepéquez [...]. J'y ai dormi toute la nuit en endurant des averses et en compagnie de mon sac à dos, car je ne pouvais pas le laisser sous la pluie. J'avais de l'asthme en partant, mais j'étais presque bien au retour. Au même moment, l'affaire en cours aux Relations extérieures s'est résolue, au sens où je devais foutre le camp du pays, mais Zochinson m'a trouvé vingt dollars et après plusieurs jours où j'ai dormi dans des endroits différents j'ai filé au Salvador [43]. Au début j'ai eu des difficultés à la frontière mais ensuite ils ont accepté un pot-de-vin et à Santa Ana on m'a donné le visa adéquat pour six mois de séjour au Guatemala, apparemment quelques difficultés ont été résolues en cela.

Au Salvador j'ai rencontré un Mexicain qui était bloqué à cause de je ne sais quelle tracasserie avec les papiers de sortie et qui a dû retourner à San Salvador, je l'ai rencontré à la frontière. On est devenus bons amis et il m'a donné son adresse pour quand j'irai au Mexique. J'ai demandé un visa pour le Honduras, il devrait être prêt samedi soir, mais je suis allé au port et j'y suis resté vendredi, samedi et dimanche, si bien que je ne sais rien au sujet du visa. À San Salvador, j'ai parlé au médecin ami d'Hercilia qui ne se souvenait pas d'elle comme étant Mme Guevara et n'a eu un flash qu'au nom d'Hernández, demain lundi j'irai lui rendre visite un moment et puis je partirai pour le Honduras ou le Guatemala, selon qu'on me donne ou non le visa. Au port, la vie a été très agréable, mais j'ai trop pris le soleil, si bien que le dernier jour je n'ai presque pas pu me baigner car m'exposer au soleil aurait été criminel.

---

43. Dans *Aquí va un soldado…*, il y a une lettre non datée où il explique à sa famille les détails du parcours. Son père présume que ça pourrait être fin avril 1954. (Voir Annexe.)

Le régime je l'ai envoyé au diable et on en voit déjà les conséquences. Ma prochaine route se décidera demain.

Une journée à San Salvador, une journée je ne dirai pas d'ennui mais plutôt de désenchantement, d'angoisse déguisée en faim, ou vice-versa peut-être. Il n'y a pas de nouvelles pour le Honduras et je n'attendrai que jusqu'à demain car mes réserves en dollars s'épuisent. J'ai fait la connaissance du couple Moreno, très aimables, très sympathiques, mais ils ne m'ont pas invité à manger, je leur donnerai demain une lettre pour Hercilia, puisqu'ils partent aux États-Unis la semaine prochaine. J'ai passé la journée à lire une Histoire ancienne du Salvador que je pense terminer demain, je visiterai aussi le musée. J'ai jeté le régime par la fenêtre, on verra ce qui se passe.

Je suis allé remettre une lettre pour Hercilia au couple Moreno et ils m'ont invité à manger ; la nourriture n'était pas très abondante mais suffisante pour pouvoir supporter la faim. J'ai pris ensuite le bus pour Santa Ana, de là vers Chalchuapa, les ruines de Tazumal, mais il s'est trouvé qu'elles étaient fermées au public, si bien que j'ai dû camper stratégiquement sous une ampoule électrique et me mettre à lire. Au bout d'un moment, une dame a mordu et m'a invité en m'offrant de l'eau chaude et un hamac pour dormir. En parlant du Guatemala, j'ai comme d'habitude fait une gaffe et dit qu'il y avait plus de démocratie là-bas qu'au Salvador et il s'est trouvé que le maître de maison était le commandant de la bourgade.

Les ruines de Tazumal font partie d'un vaste ensemble de constructions qui couvre plusieurs kilomètres, seuls les temples sont restés sur pied. Il y a des vestiges du mélange de la civilisation maya avec les conquérants tlaxcaltèques qui ont donné naissance à la race pipil. L'édifice principal est une grande pyramide quadrangulaire, probablement couronnée par un petit temple qui n'existe plus. La construction est en forme de marches et a été faite en pierre et en terre glaise qu'ils ont recouvertes d'un mélange argileux très semblable au ciment actuel ; l'ensemble n'a pas la solennité des constructions incasiques. Comme ornements, il n'y a que deux ou trois dessins taillés qui ne sont plus visibles car les rigueurs du climat les ont effacés et ils ne donnent pas une idée exacte de qui furent ses habitants.

La construction entière était recouverte de terre et formait un monticule planté d'arbres qui est passé inaperçu durant de nombreuses années. En 1942, un archéologue nord-américain, Boxh, a commencé les fouilles qui continuent jusqu'à maintenant avec un grand succès, malgré les maigres sommes allouées par le gouvernement salvadorien. Le système de construction semble avoir été concentrique, chaque temple recouvrant le suivant, s'en trouvant à son tour plus grand. Chaque période de temps, que l'on méconnaît pour l'instant, pourrait bien correspondre aux cinquante-deux années du siècle du calendrier maya. Il y a treize couches concentriques et les dernières forment, en plus de la pyramide, un jeu de paume et une scène semi-quadrangulaire. À côté de la grande pyramide au type principalement maya, il y en a une autre beaucoup plus petite qui présente toutes les caractéristiques de l'art pipil ; beaucoup plus petite, elle escaladait pourtant l'autre. Elle devait probablement aussi être couronnée par un temple, mais il n'en reste pas de vestiges. Dans la grande pyramide, les dernières couches, qui ont supporté sans aucune protection les rigueurs du climat, ont été celles qui ont le plus souffert et certaines sont presque totalement perdues. J'ai laissé mon adresse au responsable et je suis allé en stop jusqu'à San Salvador, car j'avais oublié de demander l'autorisation de sortie, une fois cela fait j'ai pris un bus jusqu'à Santa Techa et de là j'ai fait du stop et suis arrivé à la nuit tombante à Santa Ana, j'ai dormi à la sortie de la route vers la frontière.

Je suis parti tôt à pied mais très vite une jeep m'a fait faire un bout de chemin, ensuite une auto m'a emmené jusqu'à la frontière et plus tard jusqu'à Progreso, d'où j'ai filé en marchant une vingtaine de kilomètres jusqu'à ce qu'un camion me prenne et m'emmène au-delà de Jalapa. C'est une région très jolie qui monte progressivement, couverte de pins verts et presque murée par les nuages bas, elle a un charme particulier d'un type que je n'avais encore jamais vu au Guatemala, même si je n'écarte pas le fait qu'en réalité je ne m'étais pas trouvé auparavant en pareille situation. Très fatigué, j'ai commencé la descente à pied. Mon sac à dos est devenu lourd comme du plomb et ma serviette m'abîmait les doigts, si bien qu'à peine la nuit tombée j'ai échoué dans la première maison en vue et j'ai demandé l'hospitalité. Là j'ai fait la meilleure affaire de tout le voyage, car on m'a échangé une bonne lanterne contre une autre qui est une cochonnerie et moi comme un couillon j'ai fait l'échange.

Je suis parti mollement pour la descente, car mes épaules et mes pieds me freinaient complètement. Un camion m'a pris mais m'a demandé cher : 0,40 pour aller à la gare de Jalapa, d'où j'ai pris le train pour Progreso. Là une femme a pris pitié de moi et m'a offert 0,25. Je me suis élancé à pied, mais je n'ai pas fait plus d'une lieue de celles d'ici (quatre kilomètres) qu'une jeep est passée et m'a emmené jusqu'au Ranchito, par où passe le Motagua, une rivière de cent mètres de large qui a encore des allures de torrent à cette altitude. Là je me suis baigné et j'ai lavé mes vêtements, j'ai enveloppé mes pieds avec des papiers pour qu'ils résistent un peu plus et puis j'ai continué à marcher pendant environ cinq kilomètres jusqu'à une rivière assez profonde sur laquelle il n'y a pas de pont. Un camion d'ouvriers cantonniers m'a pris et emmené jusqu'à Uzumatlan où j'ai dormi. Ici mon tissu de contes était quelque peu fabuleux et je me voyais faire l'acrobate pour harmoniser les différentes versions. La route vers l'Atlantique est assez avancée et pour la rendre praticable il ne manque que les ponts, car les rivières à cette époque de l'année sont hautes et on ne peut pas toujours les passer à gué.

Je suis parti tôt le lendemain et j'ai fait environ treize kilomètres à pied en plein soleil avant de jeter l'éponge et de me faire emmener par un camion jusqu'à une gare [ ] [44], d'où j'ai pris le train pour Quiriguá et je suis immédiatement allé voir les ruines qui sont à deux milles précises de la gare. Les ruines ne sont pas importantes et se composent seulement d'une série de stèles et de pierres zoomorphes avec quelques constructions polygonales en pierre qui rappellent assez les ruines les

44. Illisible sur l'original.

moins importantes des Incas. Dans ce type de construction, les Mayas sont loin d'avoir atteint la qualité raffinée des Incas, mais on note une certaine parenté. Là où l'on observe une supériorité manifeste sur les Incas, c'est dans la taille des pierres calcaires, où ils sont parvenus à des formes vraiment suggestives qui rappellent beaucoup les ruines hindoues de l'Asie. En particulier, il y a une stèle qui représente une figure au visage arrondi vêtue d'espèces de babouches orientales avec les genoux pliés qui ressemble beaucoup à un portrait de Bouddha. Il y en a un autre avec un visage aux mêmes caractéristiques, finissant en une poire de forme triangulaire comme une barbe du type de celle de Ho Chi Minh. Une des pierres zoomorphes a toute une série de sculptures ou bas-reliefs qui selon l'écriteau sont considérés comme l'apogée de la sculpture aborigène américaine. Toutefois, Morley montre des photographies de sculptures qui me paraissent supérieures. De toute façon, le paysage est profondément suggestif, avec son silence, ses grands arbres et l'herbe qui recouvre maintenant ces stèles si ésotériques avec leurs hiéroglyphes bien polis et caressants. Si ce n'étaient les écriteaux et le garde-fou en métal qui entoure chaque monument on dirait qu'on a pris la machine du temps de Brick Bradford, le héros de bande dessinée. J'ai dormi par terre dans la gare, protégé des moustiques par mon sac qui m'est très utile.

Dans la matinée je me suis présenté au docteur Diaz, un Indien réactionnaire mais qui m'a traité avec une courtoisie indispensable, celle de me donner à manger à l'hôpital. Un garçon de salle, qui était en plus le photographe de toute la zone, m'a accompagné sur les ruines et a pris six photos, en ne me faisant payer que la pellicule et en m'en offrant quelques-unes de plus, mais de toute manière mes fonds étaient très amoindris même s'il me restait encore de quoi repartir, j'ai donc décidé de filer courageusement vers Puerto Barrios, mais le train avait du retard à cause d'un éboulement et je suis arrivé après midi et demi, j'ai dormi dans la gare.

Le lendemain s'est présenté à moi l'épineux problème de trouver du travail, chose que j'ai obtenue sur le chantier de la route Atlantique. Le travail est de douze heures continues, de six heures du soir à six heures du matin, et il est assez tuant même pour des types plus entraînés que moi. À cinq heures et demi on était devenus des automates ou des « *bolos* » comme on appelle ici les gens ivres.

J'ai travaillé une seconde journée, une journée critique avec beaucoup moins d'élan mais je l'ai entièrement faite, signe que je pouvais continuer ; toutefois un des chefs d'équipe s'est offert pour m'obtenir un billet de train, ce qui est très bien car le chantier ils ne le paient que plusieurs jours après la fin du travail. Celui-ci est déjà plus léger et si ce n'était les moustiques qui ennuient méchamment et le manque de gants qui transforme mes mains en plaies, ce serait très supportable. Toute la matinée je l'ai passée assoupi dans ma « résidence » à côté de la mer, après avoir fait un lavage sommaire de mes chaussettes et de mes chemises. Je suis devenu un parfait cochon, plein de poussière et d'asphalte de la tête aux pieds, mais vraiment content : j'ai obtenu le billet, la vieille chez qui je mangeais à crédit m'a dit de payer un dollar à son fils au Guatemala et je me suis prouvé que j'étais capable d'endurer ce qu'il adviendra et à cause de l'asthme plus qu'il n'adviendra.

Je suis maintenant installé dans le train et je m'offre un banquet avec un dollar que m'a offert un contremaître semi-éclairé.

Il s'est écoulé des jours où des choses se sont passées et ne se sont pas passées. J'ai la ferme promesse d'un poste d'adjoint auprès d'un médecin du service de Santé. J'ai rendu le dollar. J'ai à nouveau rendu visite à Obdulio Barthe, le Paraguayen qui m'a descendu en flèche pour ma conduite et avoué qu'il me soupçonnait d'être un agent de l'ambassade argentine, j'ai d'ailleurs appris que c'est un soupçon général, celui-ci ou un autre semblable, mais le leader hondurien Ventura Ramos est d'avis que non. Vu que la rogne de Mme Holst continue, je mange en contrebande une fois par jour et je dors avec Ñico le Cubain, mort de rire toute la journée mais qui ne fait rien. Lundi Ñico part et je passerai alors dans une autre chambre, celle d'un ami guatémaltèque appelé Coca. Dans la même chambre que Ñico, dort un Cubain qui chante des tangos et m'a invité à partir avec lui à pied dans le sud jusqu'au Venezuela ; si ce n'était pour le poste qu'on m'a promis je me tirerais. La résidence, ils disent qu'ils vont me la donner et Zochinson est maintenant devenu chef de l'Immigration [...].

Les journées se succèdent à nouveau sans que rien de neuf ne se passe. Je suis dans la pension en compagnie du Cubain chanteur, puisque Ñico est parti au Mexique. Pour le poste j'y vais un jour puis un autre et rien, maintenant ils m'ont dit de laisser passer la semaine et je ne sais pas très bien quoi faire, je ne sais pas si les camarades continuent à s'acharner à ce que je n'aie rien ou quoi. De Buenos Aires arrivent peu de nouvelles. Helenita part dans une direction inconnue et c'en est fini du petit boulot, mais elle va m'emmener chez une tante qui me donnera à déjeuner, de plus elle va parler au ministre par téléphone. J'ai une bonne crise d'asthme provoquée par les choses que j'ai mangées ces jours-ci, j'espère que ça va passer en trois jours de régime rigoureux.

Les derniers événements appartiennent à l'histoire, une qualité qui à mon sens se voit pour la première fois dans mes notes. Il y a quelques jours, des avions provenant du Honduras ont traversé la frontière avec le Guatemala et sont passés sur la ville, en pleine lumière du jour, en mitraillant des gens et des objectifs militaires. Je me suis inscrit dans les brigades du service de Santé pour collaborer dans la partie médicale et dans les brigades juvéniles qui patrouillent de nuit dans les rues. Le cours des événements a été le suivant : après le passage de ces avions, des troupes sous le commandement du colonel Castillo Armas, émigré guatémaltèque au Honduras, ont traversé la frontière et marché sur la ville de Chiquimula. Le gouvernement guatémaltèque, qui avait déjà protesté auprès du Honduras, les a laissées entrer sans opposer de résistance et a soumis le cas aux Nations unies.

La Colombie et le Brésil, dociles instruments yankees, ont présenté un projet de transfert du cas à l'OEA que l'URSS a rejeté en se prononçant pour un ordre de cessez-le-feu. Les envahisseurs ont échoué dans leur tentative de soulever les masses avec des armes qu'ils jetaient des avions, mais ils ont capturé la population de Bananera et coupé la voie ferrée de Puerto Barrios. Le but des mercenaires était clair, prendre Puerto Barrios et de là recevoir toute sorte d'armes et les troupes mercenaires qui arriveraient. Cela s'est vu clairement lorsque la goélette *Siesta de Trujillo* a été capturée en essayant de débarquer des armes dans ce port. L'attaque finale a échoué, mais dans les populations méditerranéennes les assaillants ont commis des actes de véritable barbarie en assassinant les membres du Setufco (Syndicat des employés et des travailleurs de l'Ufco) [45] dans le cimetière où on leur lançait une grenade à main dans la poitrine.

Les envahisseurs croyaient que, d'un commun accord avec eux, tout le peuple allait se précipiter à leur suite et c'est pourquoi ils ont lancé des armes avec des parachutes, mais le peuple s'est immédiatement rassemblé sous les ordres d'Arbenz. Tandis que les troupes des envahisseurs étaient bloquées et vaincues sur tous les fronts jusqu'à être repoussées au-delà de Chiquimula, près de la frontière hondurienne, les avions pirates continuaient à mitrailler les fronts et les villes, toujours en provenance de bases honduriennes et nicaraguayennes. Chiquimula a été fortement bombardée et sur Guatemala sont tombées des bombes qui ont blessé plusieurs personnes et tué une petite fille de trois ans.

Ma vie s'est déroulée de cette façon : d'abord je me suis présenté aux brigades juvéniles de l'Alliance où nous avons été concentrés plusieurs jours jusqu'à ce que le ministre de la Santé publique m'envoie à la *Casa de Salud del Maestro* où je suis cantonné. Je me suis présenté comme volontaire pour aller au front mais on ne

45. United Fruit Company.

m'a accordé aucune attention. Aujourd'hui, samedi 26 février, le ministre est arrivé, pendant que j'étais parti voir Hilda ; ça m'a vraiment mis en rogne car je pensais lui demander de m'envoyer au front [...].

Une terrible douche froide est tombée sur tous les admirateurs du Guatemala. Dans la nuit du dimanche 28 juin, le président Arbenz a fait une déclaration de démission insolite. Il a dénoncé publiquement la Compagnie fruitière et les États-Unis comme responsables directs de tous les bombardements et mitraillages sur la population civile.

Un navire marchand anglais a été bombardé et coulé dans le port de San José et les bombardements continuent. À ce moment-là, Arbenz a annoncé sa décision de laisser le commandement aux mains du colonel Carlos Enrique Díaz. Le président a dit qu'il faisait cela porté par son désir de sauver la révolution d'octobre et d'empêcher que les Nord-Américains arrivent sur ces terres en maîtres. Dans son discours, le colonel Díaz n'a rien dit. Les partis PDR et PRG ont donné chacun leur accord et appelé leurs membres à coopérer avec le nouveau gouvernement. Les deux autres, PRN et PGT [46], n'ont rien dit. Je me suis endormi avec un sentiment de frustration face aux événements. J'avais parlé avec le ministre de la Santé publique et à nouveau demandé que l'on m'envoie au front, maintenant je ne sais plus quoi faire. On verra ce que nous réserve la journée d'aujourd'hui.

Deux journées denses en événements politiques même s'ils n'ont pas signifié grand-chose pour moi.

---

46. Parti guatémaltèque du Travail.

Les événements : Arbenz a démissionné face à la pression d'une mission militaire nord-américaine qui a menacé de bombardements massifs et de la déclaration de guerre du Honduras et du Nicaragua, ce qui provoquerait l'entrée des États-Unis. Ce qu'Arbenz n'avait peut-être pas prévu, c'est ce qui a suivi. Le premier jour, se sont joints à Díaz les colonels Sánchez et Fejo Monzón, notoirement anticommuniste, et le premier décret a consisté à déclarer le PGT illégal. La persécution a débuté immédiatement et les ambassades se sont remplies de réfugiés, mais tôt le lendemain il est arrivé pire : Díaz et Sánchez ont démissionné, Monzón est resté à la tête du gouvernement avec deux lieutenants-colonels comme subordonnés. Ils s'en sont complètement remis à Castillo Armas, selon la *vox populi*, et la loi martiale a été décrétée envers quiconque serait trouvé avec des armes de calibre interdit à la main. Ma situation personnelle est plus ou moins la suivante : je serai expulsé du petit hôpital où je suis, probablement demain, vu que je suis connu comme *chebol*[47] et que la répression arrive. Ventura et Amador sont réfugiés, H. reste à la maison, Hilda a changé de domicile, Núñez est chez lui. Les hauts responsables du parti guatémaltèque ont obtenu l'asile politique. On dit que Castillo arrivera demain ; j'ai reçu une belle lettre que je garde ici pour mes petits-enfants.

Il s'est écoulé plusieurs jours où les événements n'ont pas eu le rythme fébrile des précédents. Castillo Armas a obtenu une victoire complète. La junte est

47. Bolcho en verlan.

composée de Fejo Monzón, comme président, et de Castillo Armas, Cruz, Dubois et le colonel Mendoza. Dans quinze jours, il y aura une élection au sein de la junte pour voir qui en sera le chef; évidemment, Castillo Armas. Il n'y a ni congrès ni constitution. Le juge de Salamá, Ramiro Reyes Flores, a été fusillé après avoir tué un garde qui essayait de l'arrêter. Le pauvre Edelberto Torres est prisonnier, accusé d'être communiste, qui sait quel sera le sort qui attend le pauvre vieux. Aujourd'hui, 3 juillet, le *libertador* Castillo Armas est arrivé, les gens l'ont beaucoup applaudi. Je vis chez deux Salvadoriennes qui se sont réfugiées, l'une au Chili et l'autre au Brésil, et avec une petite vieille qui avale les histoires des exploits de son mari et d'autres assez intéressants. On m'a jeté dehors avec perte et fracas du petit hôpital et je suis installé ici…

La situation des exilés reste la même. La nouveauté est désormais passée et tout est calme. Helenita est partie aujourd'hui en avion. L'Allemand me regarde de plus en plus d'un mauvais œil. Je ne lui rendrai visite qu'une fois pour récupérer quelques affaires et les livres que j'ai.

Il s'est passé des choses d'une certaine gravité. Sur le plan politique non, puisque le seul élément est la qualification du vote, refusé aux analphabètes. Cela dans un pays à 65 % de population analphabète, c'est réduire à 35 % la quantité de gens qui voteront. Sur ces 35 %, il peut y en avoir 15 % en faveur du régime. La fraude n'aura donc pas à être très grande pour que soit élu le probable « candidat du peuple », Carlos Castillo Armas. Ce qui a été grave, c'est le congé qu'on me donne de la maison où je vivais, car Yolanda, l'autre sœur des réfugiées, est ici, et déménage pour aller à San Salvador en emmenant ses sœurs. Je vais voir si je vais chez la tante de Helenita.

Je suis déjà installé dans ma nouvelle maison. Comme toujours je continuais à aller à l'ambassade argentine, mais aujourd'hui c'est terminé. Toutefois, j'ai pu entrer dans l'après-midi parce que c'était le 9 juillet. Il y a un nouvel ambassadeur, Torres Gispena, un petit pédant de Córdoba. J'ai bouffé varié mais moins. Je deviens lâche. J'ai fait la connaissance de plusieurs types intéressants au sein de l'ambassade. L'un d'eux est Aguilez, qui a écrit un livre sur la réforme agraire, l'autre est le docteur Díaz, un pédiatre salvadorien, ami de Romero, celui du Costa Rica.

L'asthme m'emmerde à cause de ce que j'ai mangé à l'ambassade. Les autres choses ne varient pas énormément. J'ai reçu une lettre et une photo de ma mère et une lettre de Celia et Tita Infante.

Cheché [48] a déjà dû s'exiler à cette heure car on avait convenu qu'à six heures et demi il se présenterait à l'ambassade. Mes projets sont très fluides, mais le plus probable c'est que j'aille au Mexique, même si aller au Belize pour tenter fortune entre dans mes calculs de probabilités.

Le Belize est loin. Loin ou près, je ne sais pas très bien car je suis à l'un de ces moments où une petite pression sur le côté peut complètement dévier ma route. Si tout va bien, dans un moment je serai bien protégé au consulat car j'ai déjà demandé l'asile et on me l'a accordé. L'un des nombreux jours où j'étais par ici, alors que j'avais terminé l'article et pensais aller

48. José Manuel Vega Sudrez, Cubain exilé au Guatemala.

chez Hilda, j'ai rencontré une fille, sœur de la propriétaire de la pension où Hilda vivait, qui m'a raconté que la garde de l'armée de libération était arrivée et avait emmené la propriétaire de la pension et Hilda. La propriétaire, ils l'ont vite relâchée, Hilda est encore au trou. Je suis resté quelques jours à la dérive puis finalement je me suis exilé et je jouis ici de la belle vie en compagnie d'un groupe hétérogène de personnes parmi lesquelles Cheché se distingue.

Plusieurs journées d'exil se sont écoulées. Hilda a été libérée, à ce qu'il semble, car le journal disait qu'elle avait mené une grève de la faim et que le ministre lui avait promis qu'elle serait libérée il y a deux jours. L'exil ne peut être qualifié d'ennuyeux mais plutôt de stérile, puisqu'on ne peut pas se consacrer à ce que l'on veut, vu la quantité de gens qu'il y a. Mon asthme empire et j'ai déjà envie d'aller au diable, car on me crée un problème avec le visa pour le Mexique. Hilda ne vient pas par ici. Je ne sais pas si c'est parce qu'elle ignore où je suis et qu'elle peut me rendre visite ou si c'est parce qu'elle ne peut pas. S'il n'y a pas trop de danger, je vais sortir pour pouvoir aller tranquillement autour du lac Atitlán. Sur le plan politique il ne s'est rien passé, hormis le fait que le décret 900 sur la réforme agraire a été taxé d'inconstitutionnel.

Plusieurs autres journées se sont écoulées dans une ambiance assez stérile. Parmi toutes les personnes exilées, toutes assez bien, c'est Pellecer le plus intéressant. J'ai maintenant une nourriture particulière ou plus ou moins particulière et je prends le soleil tous les matins si bien que je n'ai aucune hâte à partir. D'Hilda je n'ai absolument aucune nouvelle. Je lui ai envoyé un message mais on ne m'a rien répondu, je ne sais pas s'il est arrivé. La situation politique n'a pas changé, à part qu'ils ont accru les mesures de persécution. Avec Pellecer on a eu une discussion sur la décision d'Arbenz de renoncer à la présidence. Je ne pense pas qu'il ait lui-même une idée très claire sur le fait que la situation a ou non été résolue de la meilleure façon possible. Moi je crois que non.

Il s'est écoulé plusieurs autres journées d'enfermement qui ont été caractérisées par un profond ennui, une crise d'asthme moyenne, la rupture de deux inhalateurs et la recherche de ceux que j'avais chez Helenita, où j'ai eu la surprise de la voir de retour au Guatemala. La vie s'écoule monotone et indisciplinée avec des discussions vides de sens et en tuant le temps n'importe comment.

L'événement a été créé par une canonnade continue que l'on a entendue le lundi dès l'aube. On avait du mal à imaginer ce qui se passait, mais peu à peu des rumeurs ont commencé à circuler, qui en étant recoupées, ont pu donner une image de la réalité : un défilé de la veille, des troupes de l'armée régulière et de libération, avait servi à humilier l'armée régulière ; par la suite des élèves-officiers ont été molestés par quelques membres de l'armée de libération et ça a mis le feu aux poudres. Au début c'était seulement un mouvement des élèves-officiers contre l'armée de libération, au cours de la journée toute l'armée s'est ensuite soumise aux élèves-officiers mais sans grande énergie. Il s'en est suivi que les élèves-officiers ont forcé l'armée de libération à se rendre et à défiler les mains en l'air à travers la ville. À ce moment-là l'armée contrôlait totalement la situation et il y a eu une espèce de tentative de coup d'État, mais comme toujours les militaires ont été indécis. Le lendemain, Castillo Armas dans un discours à part disait des sottises au peuple, qui sifflait Monzón mais apparemment il était déjà maître de la situation, car la base aérienne s'était à nouveau soumise à lui. Il a fait prisonniers plusieurs militaires et ils ont recommencé les vociférations anticommunistes, soutenues par la réaction. On a l'impression que Castillo Armas se maintient grâce au soutien yankee et à l'instabilité et l'indécision des gens de l'armée. À propos des sauf-conduits on ne sait rien de neuf, mon nom ne figure pas sur la liste des exilés.

Il s'est écoulé plusieurs jours sans fait notoire marquant mon séjour à l'ambassade. Le gouvernement de Castillo Armas est tout à fait consolidé. Plusieurs militaires ont été faits prisonniers et point final. La cohabitation avec les personnages qui dorment avec moi à la chancellerie fait que je brosse un portrait sommaire de chacun. Je commence par Carlos Manuel Pellecer : selon ce que j'ai pu comprendre il a été élève de l'école polytechnique à l'époque d'Ubico, mis en examen et radié. Il est allé au Mexique puis est apparu comme attaché aux ambassades du Guatemala en Angleterre et en Europe, étant déjà communiste. Ici il était député et dirigeant paysan au moment de la chute d'Arbenz. C'est un homme intelligent, courageux à ce qu'il semble. Il a un grand ascendant sur tous les camarades exilés, un ascendant dont j'ignore s'il émane de sa propre personnalité ou du fait qu'il est dirigeant en chef du parti. Il se lève toujours droit, les pieds joints, en position de garde-à-vous. Il a fait un recueil de vers il y a quelques années, une maladie très répandue dans ces contrées. Sa culture marxiste n'a pas la solidité d'autres figures que j'ai connues et il la cache derrière une certaine prétention. L'impression qu'il me donne est celle d'un individu sincère mais exalté, un de ces personnages ambitieux à qui un faux pas donne l'occasion de renier violemment sa foi mais capable de faire les plus grands sacrifices à un moment donné. Lors d'autres conversations avec lui, je me suis rendu compte qu'il connaît à fond le problème agraire.

Une autre journée dans la succession, avec le fait que brille au loin l'éclat de cent vingt certificats qu'ils donneront, à ce qu'ils disent, cette semaine. Moi ça ne m'intéresse pas mais j'attends l'arrivée d'Hilda car je l'ai fait appeler pour voir ce qui se passe au dehors. Le portrait d'aujourd'hui est celui de Mario de Armas, il est cubain, du parti orthodoxe fondé par Chibas, il n'est pas anticommuniste, c'est un garçon simple, il a été cheminot à Cuba et il est intervenu dans l'attaque ratée de la caserne Moncada, il s'est réfugié à l'ambassade guatémaltèque et de là il est venu ici. Il n'a aucune formation politique et c'est un jeune Cubain moyen insouciant, mais un bon camarade et on voit qu'il est noble.

Dans la journée d'hier, il a enfin été annoncé que des sauf-conduits seraient donnés aux étrangers, si bien qu'il s'est créé une pagaille incroyable. A débuté également un concours d'échecs où j'ai gagné les deux premières parties, l'une d'elles contre l'un des quatre meilleurs joueurs, dont je fais partie. Un joueur moyen a gagné contre celui dont j'avais le plus peur, si bien que nous sommes restés à deux de catégorie moyenne dans de meilleures conditions.

Celui d'aujourd'hui, José Manuel Vega Suárez, alias Cheché : cubain, bête comme ses pieds et menteur comme un Andalou. De sa vie à Cuba je ne sais rien de sûr, sauf qu'il y a des indices comme quoi il a été ce que l'on appelle un « emmerdeur », et que la police de Batista l'a sévèrement passé à tabac et jeté sur la voie de chemin de fer. Il était anticommuniste. Ici il amuse par ses exagérations sans malice. C'est un grand enfant, égoïste et mal élevé qui croit que tout le monde doit se soumettre à ses caprices. Il mange comme un *biguá* [49].

La remise des sauf-conduits a déjà été annoncée et y figurent les deux Cubains et l'ingénieur nicaraguayen Santos Benatares. C'est un spécialiste des États-Unis et lui je sais qu'il était membre du comité des Nicaraguayens en exil. Tout de suite après la détention du Nicaraguayen Fernando Lafuente, ce dernier a dit qu'un ingénieur nicaraguayen pouvait donner des références sur lui, on lui a demandé s'il était spécialiste des États-Unis, il a dit que oui, et sans autre vérification ils l'ont mis en prison. À la chute d'Arbenz il a été libéré mais il a gardé une réputation d'espion, faite à la hâte je crois. Il s'est montré intelligent, marxiste jusqu'à un certain point, parfaitement au courant du panorama international. C'est un sceptique et pas un lutteur. Son attitude est boiteuse et je crois que c'est par excès d'analyse. C'est un bon camarade, méticuleux comme tout bon ingénieur, il est un peu lourd, car sa manie d'analyser le conduit à des extrêmes même dans des cas de peu d'importance. Son analyse de la plus-value a été intéressante, je dois étudier ce point.

49. Oiseau aquatique du Río de La Plata.

Putain que tout est compliqué. Je ne sais diable pas comment je vais sortir d'ici, mais ça se fera d'une manière ou d'une autre. J'ai reçu une lettre d'Hilda où elle m'informe que Helenita Leiva est en prison. D'un côté je me réjouis du fait qu'il n'y ait plus de doutes sur elle, car les communistes la considéraient suspecte. En attendant que les sauf-conduits arrivent, Roberto Castañeda : Guatémaltèque, sa profession, où il ne brille pas beaucoup, est photographe, en plus il est danseur. Il me donne l'impression d'une personne au tempérament artistique, à l'intelligence vive, et ayant le désir de se perfectionner dans tout ce qu'il fait. Il a voyagé au-delà du rideau de fer et c'est un admirateur sincère de tout cela bien qu'il ne soit pas entré au parti. Il lui manque des connaissances théoriques sur le marxisme et peut-être qu'il ne sera pas bon militant à cause de toutes ces tares bourgeoises disons, mais il est certain qu'au moment de l'action il sera de la partie. Il m'impressionne comme un personnage magnifique par ses dons dans les relations sociales et il n'a pratiquement aucune des manières efféminées d'un danseur.

Une nouvelle journée sans grandes conquêtes ajoutée à ma croûte de fainéant. Florencio Méndez : du PGT. Il était à Chiquimula avec les troupes du gouvernement et il a vu la place tomber par la trahison de ses défenseurs ou plutôt du haut commandement des défenseurs. C'est un garçon simple, sans grande culture et également sans intelligence. Sa culture marxiste est nulle et il agit comme une simple machine obéissant à des consignes. C'est un garçon joyeux et insouciant qui a probablement une tare constitutionnelle car ici même, au refuge, il a un frère qui frise l'oligophrénie.

Évidemment courageux et loyal, dans son insouciante efficacité d'automate il peut parvenir aux sommets du sacrifice pour un idéal.

Deux autres journées qui s'écoulent sans qu'il n'y ait rien de bon à ajouter à ce qui a été dit en général. Luis Arturo Pineda : Guatémaltèque de vingt et un ans, du PGT. C'est un garçon sérieux, orgueilleux de son efficacité militante et croyant ferme à l'infaillibilité du parti, ses aspirations maximales seraient d'être secrétaire du parti au Guatemala, peut-être en Amérique latine, et de serrer la main de Malenkov. Du haut de son orthodoxie militante il regarde avec mépris tout ce qui n'est pas sujet à la discipline partisane. Il se croit très intelligent mais il ne l'est pas, bien qu'il ne soit pas bête non plus, au contraire. Son efficacité militante le conduit à n'importe quel type de sacrifice pour le parti.

Il s'est passé deux journées de plus où mon seul divertissement a été d'attendre l'arrivée d'Hilda, qui a été deux fois à la porte et n'a pas pu entrer. Côté asthme, je ne suis pas très bien, je vais donc me purger et me mettre à la diète demain. Felicito Alegría : c'est un garçon silencieux, humble, dont je ne peux préciser le don d'intelligence vu sa réserve. Il donne l'impression d'être un élément de choc aux hautes vertus combattantes, il semble d'une grande fermeté. Marco Tulio de La Roca : Guatémaltèque de vingt ans, il fait des vers à ce qu'il paraît, mais ici il ne les montre pas. Il est sérieux et silencieux aussi, mais il a un sourire à moitié triste qui reflète un cerveau fataliste qui pense. Je ne crois pas qu'il ait un militantisme politique actif.

Hercilia a écrit de New York en réponse à une de mes lettres et me raconte le problème de María Luisa, ça a l'air sérieux. Quant au portrait du jour, Gillete : je crois qu'il est audacieux. C'est un jeune homme entre dix-huit et vingt ans qui ne semble pas avoir de grandes capacités intellectuelles. Brave et simple. Il se distingue en faisant des vers kilométriques dont je ne connais pas le contenu mais que j'imagine mauvais. Il a des réparties d'une certaine consistance dans son ingénuité comme celle-ci, « le fait de mourir tous les jours c'est du déjà vu », en faisant la critique d'un autre des jeunes poètes réfugiés. N'ayant pas discuté avec lui, je ne peux juger sérieusement de ses connaissances ou dons poétiques.

Une autre journée pour des prunes, Marco Antonio Sandoval : Guatémaltèque de dix-huit ans, étudiant et poète. Comme poète, il est bourré de réminiscences de Neruda et de méditations sur la mort, mais il a quelques bonnes figures. Il a un caractère très romantique et il est devenu un admirateur énergique de lui-même. Il parle avec un sérieux remarquable de tout ce qui le concerne, opinant avec une grande certitude sur un tas de choses. Il a une nature caustique, mais manque d'aplomb pour supporter la réplique. Il n'a pas de configuration politique, et prend tout comme une expérience politique.

Aucune nouveauté dans ces deux nouvelles journées. J'ai fait office de cuisinier et même si j'ai pu en venir à bout ça m'a beaucoup fatigué et mes muscles sont courbatus, ce qui prouve mon manque de condition physique. Núñez Aguilar part aujourd'hui pour l'Argentine, je lui donné l'adresse de Papa, il se peut qu'il lui parle. Valdez, je ne me rappelle pas son prénom, est un autre des jeunes poètes du groupe. Je n'ai lu qu'une de ses compositions faites en vers libres et avec un contenu marqué de lutte sociale, mais sans cette étincelle qui distingue le poète authentique. C'est un garçon de dix-huit ans, avec un caractère espiègle de morveux qui se reconnaît à l'âge, malgré certains élans de sérieux. Il a un caractère droit et franc, sans grandes prétentions politiques mais est capable d'arriver à en avoir avec le temps.

Une autre journée pour des prunes sans aucune nouveauté. Marco Antonio Derdon, alias *Terremoto* [50] : c'est un garçon aux faibles capacités intellectuelles avec un corps qui dénote un certain infantilisme hypophysaire ou hypogénital, confirmé par le fait que l'un de ses testicules est remonté durant l'asile en même temps qu'il a eu une hernie inguinale indirecte. Il n'a d'autre attrait que celui de sa constitution pathologique puisque l'on ne peut pas parler de sa formation politique.

Une autre journée passée à absolument rien faire. L'événement qui a altéré la monotonie des jours est au niveau international le suicide du président Vargas.

Je suis resté un peu déconcerté, car je ne sais pas quelle voie tracera au Brésil le vice-président ou ceux qui le manipulent ; de toutes façons, j'imagine que doivent venir des jours tumultueux pour les Brésiliens. Dans l'ordre local, il y a la fuite d'un réfugié qui a sauté le fil de fer de la clôture. Hugo Blanco alias *la vieja* [51], tout jeune et poète. Mauvais poète. Je ne crois même pas que ce soit une personne intelligente. Le trait qui semble le distinguer en tout, c'est la bonté. Un sourire de bon garçon accompagne toujours le poète.

50. Tremblement de terre. (N.d.T.)

51. La vieille. (N.d.T.)

Une journée de plus sans rien de neuf. Alfonso Riva Arroyo : c'est un des dirigeants du syndicat de la Santé et c'est une personne intéressante par ses scrupules intellectuels, car il a une certaine mentalité marxiste et il est en lutte ouverte avec les communistes. En plus il a des insomnies qui me semblent d'origine psychique. Il est charpentier et bon, selon lui. Je lui ai donné une lettre pour Papa. Avec ça s'achève le rapport des gens de la salle centrale de la chancellerie.

Deux ou trois jours où il s'est passé beaucoup de temps et un fait d'importance comme mesure générale, Perón accepte qu'on emmène les familles, ce qui change le panorama pour beaucoup de réfugiés. Un exemple : un monsieur a décidé de se rendre à la police car il ne voulait pas se séparer de sa famille et après avoir averti avec un jour d'avance, il est allé se rendre, mais la police, ayant envie de l'emmerder, ne voulait ni le faire prisonnier ni le laisser partir, de sorte qu'il est resté un paquet d'heures dehors avec sa femme et ses enfants qui étaient venus lui dire au revoir. À la fin, le ministre s'est lassé et l'a fait entrer pour dormir ; à deux heures du matin est parvenue la nouvelle qu'on lui concédait le départ avec sa famille et tout. Le soir suivant, il s'est passé quelque chose de moins spectaculaire mais non moins important. Víctor Manuel Gutiérrez est entré par une des clôtures et on lui a accordé l'asile, mais à deux heures du matin, on les a jetés dans une chambre dans le corps principal pour qu'il n'y en ait plus qui entrent. Raúl Salazar : typographe d'environ trente ans, mentalité simple, peut-être inférieure à la normale, qui se consacre à son travail et à rien d'autre, était malgré tout cohérent avec le PGT. Il était de *Tri-*

buna Popular et dirigeant du syndicat, je pense plutôt docile.

Ces deux derniers jours il s'est passé de très belles choses ; l'arrivée de Gutiérrez a provoqué un grand remue-ménage dans l'ambassade qui a tiré profit d'une phrase imprudente de l'un des Pinedas sur la démagogie de Perón donnant asile à la famille des réfugiés, aussi pour bien faire suer les communistes, et Pellecer qui a tenté d'éclaircir les choses. Après, avec déploiement de force, on nous a confinés à treize dans le garage avec interdiction de parler aux autres, en même temps qu'ils isolaient Pellecer et Gutiérrez dans une chambre pour eux deux seulement. Comme en réponse à cela, durant cette même soirée, les deux petits Pinedas se sont échappés.

C'était très amusant de voir le visage furieux avec lequel Banabés, protégé par la furie des éléments officiels, exprimait aussi sa colère. Je continuerai avec ceux de cette bande et en même temps avec les treize. Il y a déjà Lencho Méndez, Luis Arturo Pineda, Roberto Castañeda, Cheché Vega et moi ; il en reste huit : Humberto Pineda, frère aîné du précédent ; il a une constitution psychique identique, mais l'aîné semble mieux et de bonne humeur, même s'il est aussi turbulent que son frère. Il est évident qu'ils ont des couilles. José Antonio Ochoa : typographe, dirigeant syndical de ligne bien cohérente, bien qu'il ne soit pas membre du parti, il appartient au groupe des treize. Son caractère est doux, de la même consistance que son corps trapu, mais il a une intelligence claire et il est très cohérent dans toute sa ligne politique. Il a un caractère joyeux, expressif et folâtre, un peu puéril et parfois mélancolique. Il ne sera capable d'aucune action héroïque mais il est incapable de trahison.

Comme s'il répondait à ce que je disais, Ochoa a réussi à être transféré de l'autre côté où il est déjà très content de lui. Maintenant on est dix dans la cage.

Ricardo Ramírez est peut-être un des dirigeants de la jeunesse les plus compétents. Évidemment le parti a remplacé sa maison, qu'il ne semble pas avoir eue dans sa jeunesse, ou plutôt dans son enfance car il a tout juste vingt-trois ans. Il part à Buenos Aires où évidemment une expérience dans le parti lui conviendra bien. Il a une très bonne culture générale et sa façon d'envisager les problèmes beaucoup moins dogmatique que celle d'autres camarades. De la chancellerie il me manque, dans la pièce que j'étais en train de décrire, Arana, un vieux typographe d'environ cinquante ans, faible et sans base idéologique mais fidèle au parti. D'intelligence moyenne, il est suffisamment capable pour se rendre compte que la seule voie idéale pour la classe ouvrière, c'est le communisme.

Plusieurs jours se sont écoulés sans grandes nouveautés, sauf que Cheché a semé la panique avec une petite putain qui est domestique et on nous a bouclés encore plus radicalement. Des « treize » : Faustino Fermán Tino, cordonnier. Une mentalité simple mais fidèle et sincère jusqu'où il est possible d'aller ; de caractère joyeux et affable et très bon technicien pour faire des chaussures, telles sont ses plus grandes caractéristiques. Tomás Yancos, parmi les vieux camarades de la chancellerie, est un personnage énigmatique. Comme Rivas Arroyo qui s'est révélé ensuite être un traître, à ce qu'il semble, ce dernier était de ceux qui avaient « certaines différences » avec le parti, mais cohérents avec la ligne générale. C'est faux et Yancos s'est révélé un fils de pute. Il a un caractère étrange, avec une brusquerie qui repousse mais qui paraît souvent être pour rire. Il a un caractère en général antipathique.

Plusieurs jours se sont écoulés avec des événements plus ou moins importants que j'ai déjà oubliés mais parmi lesquels se détache la fuite de Lencho Méndez et de Roberto Murailles. Roberto était un garçon à moitié écervelé à ce qu'il semble, sans aucune base intellectuelle et complètement impulsif. Ce dont on peut être sûr, c'est de sa loyauté et seulement de ça je crois.

Le lendemain sont partis cent dix-huit réfugiés dans les cinq avions qui sont arrivés, parmi eux Carlos Manuel Pellecer et Víctor Manuel Gutiérrez. L'ambassade s'est retrouvée vide et il ne reste que moi du groupe des treize du chenil.

J'ai alors parlé avec Sánchez Toranzo et aujourd'hui même je fous le camp dans la rue. Dans l'avion est arrivé un ami de Gualo García, qui m'a apporté de la maison cent cinquante dollars, deux costumes, quatre kilos de maté et un tas de « bêtises ».

Parmi ceux des treize qui sont partis je n'ai pas encore décrit le « Figaro » Vázquez, le coiffeur, un homme sans grande base intellectuelle mais très prétentieux. Il n'a pas l'air d'un mauvais bougre, mais il fonctionne par impulsions répétées, pas avec une continuité révolutionnaire ; il est très ostentatoire dans tous ses actes et assez rageur. C'est lui qui mettait une note discordante dans l'ambiance cordiale des treize.

Humberto Pineda était le chef, reconnu par nous et par l'ambassade, de tout le groupe. C'est un homme qui a abandonné ses impulsions violentes, comme celles de ses enfants au profit d'un calme plus raisonné. Ses capacités intellectuelles ne sont pas très grandes, sa formation intellectuelle non plus, mais il sait se mettre au niveau de ce que l'on attend de lui, c'est un bon militant. Eduardo Contreras est un maître vraiment tout petit, assez jeune d'âge, très agréable, joyeux et farceur, avec une certaine base théorique et une très bonne base pratique. Courageux et loyal. Parfois il a l'air un peu pédant, mais d'une pédanterie inoffensive qui n'est pas antipathique.

J'ai retrouvé la liberté sans aucun problème et je suis allé immédiatement rendre ma première visite, pour des caresses sérieuses. Je suis allé dormir chez la petite vieille Leiva et j'ai rendu visite à F. U. qui ne m'a pas envoyé l'article, de sorte qu'il n'y a rien de concret contre moi. Aujourd'hui je commence à m'occuper de la remise de mon passeport et s'il n'y a pas de problème, demain matin, je pars pour Atitlán et Quezaltenango afin de connaître. Je partirai avec un appareil photographique que l'on m'a prêté.

Atitlán n'est pas supérieur aux lacs du sud de l'Argentine, loin de là. Même si la journée ne permettait pas de donner un avis définitif, j'ose le donner parce que la différence est très grande. Après avoir vu le lac, je suis allé à Chichicortenango où là, oui, j'ai trouvé des choses d'un intérêt réel dans la vie des Indiens et surtout dans leurs rites, mais il m'a pris la fantaisie de boire de l'eau-de-vie et de manger des cochonneries, résultat j'ai eu une crise d'asthme, en plus je dépensais beaucoup d'argent pour des prunes, si bien que je suis rentré vite fait à Guatemala City. Le lendemain j'ai retiré mon passeport avec le visa de sortie accordé et après, en un jour, j'ai eu le visa pour le Mexique. Dimanche, aujourd'hui, je l'ai consacré à dire adieu au Guatemala avec un petit tour à San Juan Sacatepéquez, une profusion de caresses et un peu de poussière superficielle. Demain je le consacrerai à dire adieu aux gens à qui j'ai envie de le dire et mardi dans la matinée je commence la grande aventure du Mexique [52].

La grande aventure a eu une première étape heureuse et me voici installé à Mexico [53], mais sans savoir absolument rien sur l'avenir. Je suis parti avec mes petits doutes en tête jusqu'à la frontière ; passer a été une formalité mais du côté mexicain les professionnels de la taxe ont commencé. D'entrée je me suis rapproché d'un brave garçon guatémaltèque, faisant des études d'ingénieur ; il s'appelle Roberto Cáceres Valle [54] et il semble lui aussi dominé par l'obsession de voyager. Il pense partir après un moment à Veracruz et de là tenter le grand saut. Le voyage jusqu'à Mexico, on l'a fait ensemble mais ici je suis seul, même s'il se peut qu'il revienne. La seule chose réellement intéressante du voyage a été une excursion dans les mines de Mitla, près de Oaxaca. Ce sont des mines des anciens Mixtèques, sans grande importance à ce qu'il semble ; elles sont formées de plusieurs patios quadrangulaires entou-

52. Vu leur importance, on reproduit quelques lettres envoyées à sa famille, déjà publiées dans *Aquí va un soldado…*, *Op. cit.* (Voir Annexe.)

53. Il est arrivé à Mexico le 18 septembre 1958.

54. Connu comme *El Patojo*, à cause de sa petite stature. Après la victoire de la Révolution, il s'installe à Cuba où il a vécu jusqu'à son incorporation à la lutte de libération de son pays, où il meurt au combat. Le Che, dans son livre *Pasajes de la guerra revolucionaria*, lui consacre un portrait en hommage posthume.

rés de constructions également quadrangulaires ornées de murs aux formes rectilignes.

Il y a une ou deux constructions souterraines dont je ne connais pas encore la signification exacte mais qui devaient sans doute être destinées à la parure des personnages. Il semble que les toits étaient soutenus, dans les parties importantes au moins, par des colonnes arrondies de forme légèrement conique et faites d'une espèce de ciment. Toutes les constructions sont en pierres jointes par de l'argile avec du *piedregullo* et retouchées avec une espèce de ciment aussi. Il n'y a ici ni la majesté de Machu-Picchu, ni la beauté et suggestion de Quiriguá, ni même l'émotivité des mines salvadoriennes, néanmoins elles présentent des choses intéressantes et une anticipation de ce que sera la connaissance de toutes les merveilles d'ici. Aujourd'hui même, ou peut-être demain, je verrai U.P., puisque Harold White n'est pas là, il est parti en Amérique du Nord à ce qu'il semble.

Il s'est passé des jours d'inefficacité fébrile où je suis allé trouver Petit [55], il m'a emmené promener, on a discuté de politique. Il a une fille agréable mais qui est un produit de l'éducation bourgeoise « cléricaloïde » typique. Petit est à l'évidence un déserteur qui dissimule sa fuite sous les opinions du pape et parle de l'amour catholique comme la seule chose qui peut être stable, etc. On a visité les ruines de Teotihuacán ou un nom comme ça. Il y a des pyramides énormes mais sans valeur artistique et d'autres qui, elles, en ont. Je retournerai les visiter tranquillement et je détaillerai

55. Ulises Petit de Murat, scénariste de cinéma et vieil ami de son père.

alors ce qu'il y a à voir, étant donné que maintenant je n'ai pris qu'une photo de Marta Petit avec le nouvel appareil que j'ai acheté, un Zois 1 Kon 1 h 35 de 35 expositions.

Plusieurs journées se sont écoulées à rien. Après la discussion très amicale avec Petit, je ne lui parlé que pour lui laisser mon téléphone et il ne m'a plus contacté. J'ai rendu visite à Helenita et il y a quelque chose de bizarre entre nous deux, même si je ne sais pas très bien quoi. J'ai également visité le musée d'Art mexicain même si je n'ai pas pu tout faire, comme toujours, j'ai trouvé intéressantes les pièces de culture archaïque parmi lesquelles il y a de véritables œuvres d'art. J'ai aimé deux têtes d'art maya et aztèque et un pot en obsidienne qui représente un singe stylisé ; il y a, en plus, une tête monumentale aux traits négroïdes très intéressante. Bien entendu, ce qui vient après niveau intérêt, ce sont les tableaux de la tétralogie : Rivera, Tamayo, Siqueiros et Orozco. C'est surtout Siqueiros qui m'a enthousiasmé, mais ils m'ont tous paru très bons, bien que les fresques soient très mal situées pour être vues.

La vie du Mexique rentre dans un processus de bureaucratisation incroyable. Petit fait maintenant la bête de façon olympique. Les choses les plus nouvelles sont qu'Hilda est au Mexique à Tapachula, on ne sait pas dans quelles conditions, et qu'elle a rencontré un certain docteur Icharti, jeune Péruvien qui m'a fait bonne impression mais je ne sais pas ce qu'il pourra faire pour moi. J'ai un poste de photographe dans les parcs dont je verrai ce qu'il donne tandis qu'ils promettent mille choses.

Plusieurs journées se sont écoulées et en général je peux dire que, à part l'amertume de ne pouvoir étudier un peu plus de médecine chaque jour, toutes ont été réussies. Lundi je verrai un poste médical, mercredi un des autres, tout en continuant avec mes photographies et en faisant connaissance avec quelques personnes.

Francisco Petrone n'est pas communiste, loin de là, mais c'est un homme sincère et convaincu que sa position est correcte. Ce n'est pas ce que l'on appelle un type cultivé, mais sur scène on voit qu'il prend tout de suite le rôle qui convient. J'ai vu ses orientations et je les ai trouvées assez bien. Le grand dieu Brown, en revanche, a été assassiné par les universitaires. Avec Petit, on a déjà eu des altercations qui annoncent une rupture totale au moins, il ne prêtera plus attention à moi. Avec Hilda il semble qu'on est arrivés à un statu quo, on verra.

Je continue à travailler de façon discrète avec les photographies, mais il faut piétiner dur. Dans les hôpitaux, je me place peu à peu et je crois que je ferai quelque chose mais pas à l'Institut de la nutrition. J'ai emménagé dans une chambre comme il se doit, dans le centre ville, pour laquelle je paie cent *pesos* par mois. On a une salle de bains pour nous deux (*El Patojo*) et le droit de cuisiner. La propriétaire est une grosse femme laide qui a l'air d'aimer tirer les ficelles comme pas possible.

La photo marche bien et la médecine promet d'aller pas mal du tout. On trouve des pois chiches… Pour l'instant ma vie intellectuelle est nulle, à part ce que je lis le soir et quelques gouttes d'étude tous les jours. Je n'ai pas encore pu voir les González Casanova et je ne sais pas quand l'affaire se fera, Hilda je la vois demain.

Il est passé un peu d'eau sous les ponts. Les choses en gros se présentent ainsi : pour la subsistance, je ne dois compter sérieusement que sur la photographie, qui ne rapporte pas assez. Cette semaine j'avais une soixantaine de photos qui impliquaient un nombre égal de *pesos*, ce qui n'était pas négligeable, et trente sont ratées parce qu'un rouleau a été voilé. Côté médical je travaille trois jours dans chacun des hôpitaux : celui pour enfants et le général. Dans le général, sur les dégradations alimentaires de Pisani et dans celui pour enfants, on m'a dit de présenter un plan de travail dont j'ai une esquisse. Icharti, le médecin de l'Apra, je l'ai vu une fois et j'ai décidé de le revoir demain. De Mexico en général, je ne peux presque pas parler car je n'ai rien vu de nouveau [56].

Petit, Petrone et Piaza, je ne les ai pas vus depuis bien longtemps. Je n'ai toujours pas vu les gens d'en haut et puisque j'ai organisé ma vie, je ne suis pas plus pressé que ça de leur rendre visite. L'hôpital me prend la matinée même si je ne fais rien et l'après-midi seule ne me permet pas de distribuer les photos, si bien que je suis en déficit.

Ici le gaz est déjà fini et la vieille n'a pas très envie qu'ils viennent à nouveau, si bien qu'une partie de la nourriture est terminée. Maintenant nous sommes aussi photographes de l'Agence latine [57], mais la première mission s'est révélée très mauvaise, car ils m'ont laissé toute la journée de planton à l'aéroport en train d'attendre des aviateurs argentins et j'ai raté l'occasion de

56. Voir en Annexe la lettre envoyée à sa famille en novembre 1954, publiée dans. *Aquí va un soldado…*, *op. cit.*

57. Agence latine de Nouvelles, financée directement par le gouvernement argentin.

faire des photos dans le parc, si bien que la journée ne m'a servi à rien.

Je n'ai vu personne de nouveau, à part des garçons du Parti démocratique révolutionnaire hondurien, qui m'ont paru très à droite ; Helenita les défend mais il n'y a pas de raison, ils vont vers la transformation du peu de prolétaire qu'il y a en eux en quelque chose de profondément petit-bourgeois.

Il n'y a rien de neuf à raconter, puisque tout suit tranquillement son cours. Piaza dit qu'il m'obtiendra « peut-être » un poste de vendeur de livres dans un stand de l'OEA à la foire du livre, vu que les photos ne me donnent pas de quoi vivre. Pour le reste, rien de neuf, j'ai appris que les petits hommes de gauche guatémaltèques sont tous en prison, que Celia se marie, qu'Hercilia se marie avec un riche petit vieux. Je n'ai fait la connaissance de personne d'intéressant ces jours-ci et il est probable que je ne rencontre personne avant longtemps si je continue à mener cette vie. J'aurai le vélo dans quelques jours, à ce qu'il paraît.

Il s'est passé plusieurs choses d'une certaine importance au cours de ces derniers jours. J'ai fait la connaissance dans la rue du chef de l'Agence latine [58] qui est médecin ; nous avons sympathisé et il m'a nommé correspondant provisoire. J'ai retiré les trucs de la Panaméricaine et ils m'ont donné un peu d'argent mais pas beaucoup, je crois que je pourrai vivre avec ça. La photographie marche peu à peu. Je suis en train de m'endetter, mais on me doit aussi de l'argent. À l'hôpital je travaille sans réussir à savoir où je vais.

58. Il se réfère à Alfonso Pérez Vizcaíno.

Les journées se sont succédé avec l'enchaînement habituel d'espoirs et de déconvenues qui caractérisent ma vie prolétaire. Le poste à la foire du livre est un rêve déjà réalisé, mais j'en ai un nouveau plus beau encore bien qu'également incertain : le chef de l'Agence latine m'a offert un poste pour lequel je gagnerais environ cinq cents par mois en travaillant trois fois par semaine à la confection d'une revue de presse des événements de Mexico [59]. Pour l'instant je continue dans la photographie mais avec de moins en moins d'élan. La décision de les faire à notre propre compte flotte dans l'air, mais il nous manque de l'argent.

Les journées se succèdent à un rythme très rapide. Je travaille beaucoup sur l'allergie et commence déjà à fréquenter les médecins.

En gros je crois que j'irai de l'avant mais qu'à mes victoires correspondront les chocs les plus forts. Lundi je ferai l'essai à l'Agence latine pour voir si j'y travaille. La photographie, je l'ai abandonnée peu à peu car je suis fatigué de marcher pour des prunes dans tout Mexico. Je travaille déjà avec mon nouveau salaire de sept cents dollars et peu d'heures par jour ; je continue, toutefois, à faire quelques photos et j'ai soutiré à l'OEA cent cinquante dollars pour quelques croûtes. La critique de la pièce de Petit semble assez dure, mais je pense aller à la représentation dans un jour ou deux pour voir comment c'est.

Mon travail à l'hôpital marche bien, quoique je me rende en permanence compte qu'en dehors de l'aller-

59. Il s'agit des Jeux Panaméricains réalisés au Mexique du 12 au 16 mars 1955. Il est nommé par l'Agence latine reporter accrédité du 31 janvier 1955 au 31 décembre de la même année.

gie je ne sais rien en médecine. J'ai deux malades en traitement dans chaque hôpital ; dans celui pour enfants, j'ai les mains liées et je ne peux rien faire, mais en général je m'offre une grande bouffée de liberté. Je vais faire une expérience d'électrophorèse [60], mais je n'ai aucune idée du résultat. Dimanche je suis allé à l'anniversaire de la Vierge de Guadalupe qui n'a pas été aussi couru que d'habitude, à ce que l'on dit ; c'est comme toujours un mélange de fête païenne avec un peu de religion. Une quantité d'Indiens dansent déguisés en autres Indiens encore et au son de musiques au rythme simple, semblables à celles de la Bolivie et du Pérou.

Les derniers jours de l'année se rapprochent et il semble que s'annonce un changement économique dans l'avenir. Scientifiquement j'en suis au même point, je travaille sur l'électrophorèse du sang et sur les propecteurs d'Urbach ; en plus à l'hôpital pour enfants, ils veulent que je fasse un travail d'expérimentation avec salaire et tout. À l'Agence latine, je continue à travailler quoique sans me faire payer pour l'instant. Pour l'étude je stagne, car je lis très peu en médecine et pour la production littéraire c'est pire, car je n'écris presque jamais. Côté relations publiques je continue plus ou moins de la même façon, sans avoir noué aucune amitié, intellectuelle ou sexuelle, qui en vaille vraiment la peine. La nuit de Noël je la passerai confortablement installé dans mon sac de couchage en train de garder un stand de jouets comme veilleur de nuit. J'ai abandonné la photographie et il y a des

60. Migration des protéines (molécules ayant une charge électrique) en présence d'un champ électrique.

moments où je regrette de l'avoir fait, car je n'ai pas un sou et ça me rapportait quand même un peu ; toutefois maintenant j'ai du temps à consacrer à d'autres choses et, une fois passé le jour de l'an, je me disciplinerai un peu. Sur le plan de l'éducation (*sic*) je me sens grand-père, vu que El Patojo, en réponse à un de mes sermons sur sa vie, a décidé de retourner au Guatemala pour aider sa mère.

Sur le plan politique il convient de souligner le retour de don Edelberto Torres et de son fils, l'un libéré et expulsé, l'autre en fuite.

Je n'ai rien de neuf à mettre ici à part les vieilles histoires d'une année de plus qui s'achève. Comme toujours, Hilda s'est fâchée parce que je n'ai pas voulu l'accompagner à une fête, j'ai passé le réveillon dans le local de l'OEA comme veilleur de nuit. Il n'y a pas de choses nouvelles à raconter ; ils ne me paient pas à l'Agence latine et peut-être qu'ils ne me paieront pas pendant un moment parce que le fric vient, ou plutôt ne vient pas, de Buenos Aires.

Aujourd'hui je me sens un peu comme un gentil petit grand-père qui donne de sages conseils : El Patojo est parti au Guatemala avec son « traître » de frère. L'affaire provient d'une conversation au cours de laquelle je lui ai dit qu'il était en train de fuir quelque chose et non de lutter, comme il le prétendait dans une lettre à sa mère qu'il m'avait lue ; le lendemain il a décidé de partir et peu après son frère l'a accompagné. En plus du fric que je lui avais déjà prêté, je lui ai donné cent cinquante dollars que Piaza m'a prêtés. Ma situation est bizarre, parce que je compte toujours sur le salaire de l'Agence latine mais ils me nourrissent de promesses sans rien concrétiser. Sur le plan scientifique j'ai de grands espoirs, même si la réalité ne me le permet pas encore. J'ai débuté les études pour faire de l'électrophorèse avec du papier-filtre et j'espère commencer à travailler sur ça dans une à deux semaines. J'écris peu à ma famille, si bien que je ne sais pas grand-chose de là-bas.

J'ai enfin le paiement du premier mois et je l'ai déjà dépensé, sauf les choses que je n'ai pas payées mais que je dois payer. Cela ne m'inquiète pas beaucoup pour la raison suivante : avec le docteur Cortés je soigne une malade qui me paie vingt dollars par consultation, il y en a une tous les quatre jours, et avec ça j'aurai à manger jusqu'à l'arrivée du prochain envoi à l'Agence latine. J'ai de bonnes relations avec cette dernière, bien que le docteur Pérez me coince à moitié ; ce dont j'essaie de le convaincre, entre deux blagues, c'est qu'il m'envoie au Costa Rica dans le bazar de José Figueres. Je n'ai pas eu de nouvelles du Patojo ni de la maison ; seul un étudiant péruvien m'a écrit et rappelé ma prédiction sur la chute du Guatemala. Mon projet scientifique est arrêté, un peu à cause de l'instabilité de ma situation, car je dois quitter la maison où je vis et je ne sais pas bien pour où.

Le problème du logement ne se résout toujours pas et je suis pratiquement comme l'oiseau sur la branche dans tous les sens du terme. La machine d'électrophorèse, faite maison, marche lentement, les autres travaux sont pratiquement suspendus. Avec le docteur Cortés je soigne une malade qui je crois ira beaucoup mieux et je demande vingt dollars pour chaque consultation. J'espère que la semaine qui vient sera riche en événements.

[...]

L'état de ma malade a beaucoup empiré, je lui ai fait de nouveaux tests et elle s'est révélée très sensible à certaines choses qu'elle mangeait et que je lui ai interdites. Je suis toujours sans argent malgré tout, car il n'y a pas moyen de niveler le budget. L'Agence latine ne paie pas avec la rapidité escomptée et ça m'enfonce encore plus. Sur les grands projets, il n'y a rien de nouveau. Demain j'écrirai l'article qu'on m'a demandé sur le Guatemala et je consacrerai toute la semaine à écrire quelques lettres, car je suis très en retard dans ma correspondance.

Tout est en suspens et ce sont des jours de doute. J'ai reçu mon salaire de janvier et je l'ai déjà dépensé (on est fin février), maintenant les jeux Panaméricains approchent et je dois travailler comme une brute en laissant tomber l'hôpital. L'état de ma malade est stationnaire, exactement là où je l'ai laissé. Avec Hilda je crois que j'ai rompu définitivement après une scène de mélodrame. Une fille qui est chimiste me plaît ; elle n'est pas très intelligente voire assez ignorante, mais elle a une fraîcheur très agréable et des yeux magnifiques. Je présenterai un travail sur des études avec tests cutanés avec des aliments digérés au congrès sur l'allergie en avril.

Il s'est écoulé plus d'un mois depuis les dernières notes du journal. Il s'est passé beaucoup de choses et pas tant que ça, selon le point de vue que l'on adopte. Les jeux Panaméricains m'ont donné un travail éreintant et au moment où il semblait qu'il n'y aurait pas de compensation a surgi la promesse que, si, il y en aurait une, et presque simultanément l'inexplicable nouvelle que l'Agence latine était dissoute et l'angoisse qui s'ensuit pour l'argent. Il semble maintenant qu'ils me paieront les deux mois qu'ils me doivent, plus trois d'indemnisation pour licenciement, plus deux mille dollars pour les photos. C'est-à-dire autour de cinq mille dollars, une somme qui tombe à pic car avec je peux payer quelques dettes, voyager à travers le Mexique et aller au diable.

Le travail m'a valu quelques désagréments, mais j'ai noué simultanément deux bonnes amitiés : Fernando Margolles et Severino Rossell, *el Guajiro*. Je vis dans une autre maison et j'ai déjà des problèmes pour payer le loyer, comme d'habitude.

[...] Côté scientifique, je me suis engagé à terminer un travail pour le présenter au congrès sur l'allergie et je crois que je le ferai ; on m'a invité à aller à Nuevo Laredo, à la frontière avec les *gringos,* mais ce serait pour travailler deux ans et je ne suis pas disposé à tant. Mes projets sont plus simples : jusqu'en mars, je travaille sur l'allergie et je présente le travail ; mai, juin et juillet, je voyage à travers le Mexique du nord au sud et de l'est à l'ouest ; juillet-août, je pars à Veracruz et j'y reste jusqu'à ce que je trouve un bateau pour Cuba ou pour l'Europe ; si ça ne marche pas, en décembre je suis à Caracas. On verra comment ça se passera.

Il a coulé beaucoup d'eau sous mes ponts maintenant [...], me voilà interne à l'hôpital. Les choses se sont déroulées ainsi : je suis allé à León, Guanajuato, j'ai présenté mon travail : « Recherches cutanées avec des antigènes alimentaires semi-digérés »[61]. Le travail a

61. Travail présenté au IXe Congrès national des allergologues, qui s'est tenu du 25 au 30 avril 1955 à l'École de médecine de León, université de Guanajuato, et publié dans la revue *Iberoamericana de Alergología*, Mexico, D.F., mai 1955 (p. 157).

reçu un accueil discret et a été commenté par Salazar Mallén, l'as de l'allergie mexicaine. Il va être publié dans la revue *Alergia* ; Salazar Mallén m'a promis une aide financière pour faire un travail de recherche et l'internat à l'Hôpital général, mais il est encore dans « on verra ça ».

Du fric de l'Agence latine, il n'y a pas de nouvelles concrètes. Autre nouvelle digne d'être notée, c'est que je me suis inscrit comme électeur mexicain grâce au manque total de contrôle en place : n'importe qui se présente, donne un nom et une adresse et le tour est joué. Ainsi se dérouleront les élections.

À Guanajuato j'ai vu les célèbres « *entremeses* » de Cervantes représentés par des artistes amateurs de la localité dans un décor naturel avec une église en arrière-fond. La majorité des acteurs manquent de classe, mais le décor est si naturel que tout passe inaperçu.

Après beaucoup de péripéties, je suis installé à l'Hôpital général et je travaille pas mal, bien que de façon un peu désordonnée ; la nourriture me rend un peu malade, car si j'en mange j'ai de l'asthme et si je n'en mange pas, j'ai faim. Salazar Mallén me paie cent cinquante dollars [...]. L'Agence latine dit qu'elle va payer et ça signifiera près de cinq mille dollars, on verra si c'est vrai. Je me consacre maintenant à la découverte des alentours de Mexico, en compagnie d'Hilda. On est déjà allés voir de magnifiques fresques de Rivera dans une école agricole et on a visité Puebla.

Il s'est passé de bonnes et de mauvaises choses. Je ne sais toujours pas ce que sera ma vie future. L'Agence latine a payé, mais elle n'a pas tout payé et il ne me restera que deux mille dollars quand j'aurai réglé quelques comptes et fait quelques cadeaux. On m'avait invité au Festival de la jeunesse, mais je devais me payer le billet et, comptant sur l'argent, j'avais entrevu la possibilité d'aller en Espagne le 8 juillet et je l'avais annoncé aux quatre vents. Maintenant, tout est réduit à néant mais je garde le projet de visiter le Mexique à partir du 1er septembre. Comme événement sportif, je dois signaler l'ascension du Popocatépelt, versant inférieur, par un groupe de vaillants Andinistes improvisés, parmi lesquels je me trouvais. C'est merveilleux et je veux le refaire avec une certaine fréquence. Pascual Lozano, le Vénézuélien, s'est arrêté un peu avant d'arriver, bien qu'on l'ait hissé dans la dernière étape. Autre événement : la révolution en Argentine qui me remplit d'inquiétude vu que mon frère est dans l'Infanterie de Marine. L'événement amusant est l'invitation que j'ai faite à Hilda et à une amie péruvienne pour assister à un match de football. La chose a commencé doucement avec des boules d'essence allumées et s'est terminée avec des seaux de merde que nous écopions tous les trois.

L'événement politique, c'est d'avoir connu Fidel Castro, le révolutionnaire cubain, un garçon jeune, intelligent, très sûr de lui et d'une audace extraordinaire ; je crois que nous avons mutuellement sympathisé [62].

L'événement sportif, c'est notre escalade ratée du « Popo », où nous nous sommes arrêtés à quelques mètres du sommet vu que Margolles n'a pas voulu continuer car il avait les pieds gelés et il a pris peur.

62. Leur rencontre a eu lieu fin juillet 1955 dans la ville de Mexico.

L'événement touristique, c'est le départ de Margolles pour les États-Unis.

L'événement scientifique, c'est la parution de mon premier travail comme auteur uniquement en médecine, dans la revue *Alergia* : « Recherches cutanées avec des antigènes alimentaires semi-digérés » ; passable.

En physiologie, je suis devenu un chirurgien pour chats.

Des mois se sont écoulés. Je me suis marié avec Hilda, nous avons changé de maison et tout semble orienté vers des mois de commode contemplation de l'avenir [63].

Politiquement, comme fait important, il y a la chute de Perón, sans peine ni gloire, et la prise de pouvoir par une *camarilla* militaire qui est en relation avec le clergé et les partis centristes. Côté études, je suis un peu plus concentré, je ne lis que des textes sur l'allergie, j'étudie un peu l'anglais et un peu l'algèbre. Côté travaux, je n'en réalise que trois et j'en ai un en gestation, ce sont : « Histamine dans le sang », « Histamine dans le tissu pulmonaire de tuberculeux » et « Progestérone en relation avec l'histaminase » ; je pense faire quelque chose avec l'électrophorèse de sérums. Dans un autre domaine : je me suis acheté un appareil photographique pour remplacer celui qu'on m'a volé et je suis en train d'apprendre à taper à la machine sans regarder le clavier. Je ne sais pas encore si je travaillerai ou non aux Nations Unies, l'idée me répugne mais le salaire m'attire.

Il n'y a pas grand-chose à ajouter, à part que je suis enfin arrivé au sommet du Popo. La montée a été

63. Ils se sont mariés à Tepoztlán le 18 août 1955.

simple, il n'y a presque pas eu de problèmes et on est arrivés à six heures et demi au bord inférieur (on n'est pas montés plus haut), mais je n'ai pas pu prendre de photos appropriées vu le brouillard qui couvrait tout. Dans quelque temps, je pense aller au Yucatán pour découvrir toute la zone maya. Il n'y a pas de nouvelles politiques, à part les lettres enflammées de ma famille où ils me chantent pouilles pour l'appui à Perón face aux libérateurs [64].

Je suis allé à une réunion où ont été échangées des impressions sur la chute de Perón, l'informateur était un certain M. Orfila, dont j'ai appris par la suite que l'essentiel de sa fureur contre Perón était due à des problèmes que ce dernier avait eus avec le Fondo de Cultura Económica, dont le premier était directeur [65]. Les choses se sont bien passées jusqu'au dessert où ils se sont lancés contre les camarades et j'ai alors répliqué vivement en disant son fait au dit monsieur, mais j'étais à moitié en colère et je n'ai pas pu bien coordonner ; à la fin, j'ai proposé que l'on subordonne l'envoi d'un message de félicitations au fait que le gouvernement réalise des actes concrets tels que la démocratie syndicale et la conduite économique, mais Orfila a affirmé qu'ils ne pouvaient pas s'arrêter à « des choses jusqu'à un certain point secondaires comme le contrôle des changes ». Les socialistes vont droit à la merde.

J'ai déjà fait mon tour si vanté du Sud-Est mexicain, en réussissant à couvrir superficiellement l'aire maya.

64. Voir la lettre qui est annexée, envoyée à sa mère en septembre 1955, tirée de *Aquí va un soldado…*, *op. cit.* (pp. 109-111).

65. Après la victoire révolutionnaire, Orfila a gardé d'étroites relations avec le Che, et il a toujours montré son soutien solidaire envers Cuba.

On est allés à Veracruz en train, un voyage sans aucun intérêt. Veracruz est un petit port sans grande vitalité et avec toutes les caractéristiques de la petite localité d'ascendance espagnole. Les plages sont petites, sales et planes, l'eau tiède.

Nous y avons trouvé un bateau argentin, le *Granadero*, où j'ai obtenu qu'on m'offre quelques kilos de maté. Boca del Río est une petite localité de pêcheurs située à une dizaine de kilomètres au sud de Veracruz. Là je suis allé voir une journée de pêche à bord de *La Tonina* de Rosendo Rosado ; c'est très intéressant, la vie et les problèmes de la population des pêcheurs.

Après cinq jours à Veracruz, on est partis en direction du sud en autobus. On a d'abord passé la nuit au lac Catemaco, mais on n'a pas pu visiter parce qu'il pleuvait ; on a alors continué pour finir par passer la nuit à Coatzacoalcos, sur la rive de la rivière de ce nom, un port d'une importance discrète. Je suis arrivé avec de l'asthme. Le lendemain, on a traversé la rivière. L'autre rive s'appelle Allende et de là on est partis en train à Palenque, on est arrivés de nuit à la gare et on est allés en jeep à l'hôtel.

Les ruines de Palenque sont magnifiques : sur le flanc d'une colline se dresse le noyau de la ville, ce qui fut un centre ; de là elle s'étend sur un espace de quatre et six kilomètres au milieu de la forêt ; encore inexplorée, même si l'on connaît parfaitement la situation de la construction recouverte de végétation.

La négligence des autorités est totale, pour nettoyer complètement la tombe principale, un des joyaux archéologiques de plus grande valeur en Amérique, on a mis quatre ans, alors qu'avec des outils et du personnel adéquats on aurait pu le faire en trois mois. Les édifices les plus importants sont : le Palais, qui a un ensemble de galeries et de patios avec des gravures en pierre et des arêtes en stuc de grande qualité artistique. Le temple des Inscriptions, également appelé « de la Tombe », qui a comme caractéristique principale une tombe, unique en son genre en Amérique, dans laquelle on entre par la partie supérieure de la pyramide, en descendant par un long tunnel au toit trapézoïdal qui mène à une vaste chambre où l'on a trouvé une pierre monolithique de 3,80 mètres de long sur 2,20 mètres de large et 27 centimètres d'épaisseur, ornée de hiéroglyphes représentant le soleil, la lune et Vénus.

Sous la pierre il y a un catafalque entièrement taillé dans un bloc de pierre qui contenait le corps d'un personnage important.

Il y avait des bijoux de tailles diverses, tous en jade. Sur Palenque, il faut faire remarquer la beauté et l'élégance de ses bas-reliefs, en stuc, faits avec un art qui se perd par la suite, à mesure que l'on avance dans les domaines du IIIe Empire où l'on note déjà l'influence toltèque, plus monumentale mais beaucoup moins sculpturale.

Les motifs sculpturaux de Palenque sont plus humains que ceux des Aztèques ou des Toltèques, et en général on voit des figures humaines au corps entier dans des faits historiques ou rituels, mêlés à la représentation des dieux les plus importants de leur Olympe, qui sont celui du soleil, de la lune, Vénus, de l'eau, etc.

Palenque, selon la classification faite par l'archéologue nord-américain Morley, est un centre de seconde catégorie au sein de l'aire maya (cet archéologue ne concède la première catégorie qu'à Copán, Tikal, Uxmal et Chichén-Itzá). La recherche archéologique démontre que Palenque a érigé des monuments datés du premier quart du Baktún 9 (435-534), plus ou moins contemporains de celui de Piedras Negras, l'autre centre artistique de l'empire. Les deux ont fleuri durant le Ier Empire. Au total, il y a dix-neuf villes de seconde catégorie selon la classification de Morley, même si la dernière recherche donne plus d'importance à Palenque ; que cette ville soit ou non un centre de première catégorie, il est indéniable pour presque tous que c'est la ville maya où le stuc a été travaillé avec le plus de technique et d'art.

Nous avons quitté Palenque de nuit et sommes allés par le chemin de fer du sud-est jusqu'au petit port de Campeche, où nous avons passé une journée. Il n'y a pas grand-chose à voir, à part les ruines des forts qui ont été construits pour se défendre contre les pirates. En deux heures d'autobus on était à Mérida, qui est une ville assez grande dans son genre mais d'une vie très provinciale. Mérida n'est pas un port de mer et toutes les caractéristiques de la ville sont celles d'un bourg qui en serait à cinq cents kilomètres et non à trente. La nuit il fraîchit pas mal si l'on considère la grande chaleur qu'il fait. Son musée est très mal présenté et exploité, mais il a des choses intéressantes. Les attraits principaux de Mérida sont ses voisines, des villes mayas en ruines, dont nous avons visité deux des centres importants que sont Uxmal et Chichén-Itzá [66].

66. Les photos qui sont publiées sur les ruines d'Uxmal et de Chichén-Itzá ont été prises par Ernesto Guevara de La Serna lors de son voyage et sont inédites.

Chichén-Itzá a été découverte et peuplée par les Mayas en expansion autour du IVe siècle de cette ère, selon la tradition du Chilam-Balam de Chumayel, bien que la date la plus ancienne lue avec certitude soit 878. À cette date, approximativement, s'achevait l'abandon des villes du vieil empire et débutait la trajectoire de Chichén-Itzá dans le cadre du nouvel empire. Les Itzcen s'étaient retirés de la ville en 692, pour s'établir dans la zone de Campeche. Par la suite on établit la renaissance maya dans les deux siècles qui vont de 997 à 1194 environ, c'est l'époque de la Ligue de Mayapán, une époque qui laisse la trace des monuments actuels avec leur Chac-Mool et leurs serpents à plumes, bien que la base sur laquelle sont édifiés les monuments actuels appartiennent à la période maya. Cette résurgence maya semble être due à l'invasion apparemment pacifique du civilisateur Quetzalcoatl du plateau central du Mexique qui a apporté avec lui l'Aigle et le Serpent, signe basique de ladite région. Chichén-Itzá débute sa décadence en perdant la guerre civile avec Mayapán, aux côtés d'Uxmal, composante du trio gouvernant la confédération maya. Ceux de Mayapán appelèrent à leur secours des guerriers mercenaires mexicains et détruirent la force de leurs opposants ; ils les emmenèrent vivre avec eux jusqu'à ce que, en 1441, semble s'achever tout type de gouvernement centralisé dans le nord du Yucatán au moment de la rupture de l'hégémonie de la maison Cocomina de Mayapán par une guerre civile.

Entreprenons la description de ses temples et constructions : le premier est le *cenote* des sacrifices, situé au nord de la ville et actuellement rempli d'une eau verdâtre. Il a sur son flanc sud un petit *adoratorio* d'où l'on jetait probablement les victimes avec les objets du cérémonial. La quantité de bijoux qu'il conserve dans ses eaux doit encore être fabuleuse malgré les quantités qui en ont été extraites. Il mesure 40 à 60 mètres de diamètre, il a dix mètres de hauteur et vingt de profondeur. Il y a un autre *cenote*, dit le Xtoloc, situé au sud et dont on extrayait l'eau pour boire ; à la différence du *cenote* sacré, on y descend par une rampe à la pente douce qui mène jusqu'au bord même de l'eau. Le château, la grande pyramide de la ville, est à plus de cinq cents mètres au sud, avec un pont principal regardant le *cenote* ; il est uni à celui-ci par une chaussée de six mètres de large et de cinq mètres d'élévation sur le niveau du sol. Il est possible que le château soit le temple le plus ancien de ceux encore sur pied ; il est composé de 91 marches de chaque côté, ce qui donne un total de 364, figurant selon certains les jours de l'année qui seraient complétés par une marche de plus située en haut. La construction est couronnée d'un temple dont la finition n'est pas très fine, avec peu de gravures mais une tombe où l'on descend par une rampe de pierre recouverte d'une dalle ; là, il y a des sculptures et on trouve des bijoux de grande valeur archéologique. Dans la base, il y a une porte qui mène par un escalier souterrain à la chambre, où l'on a trouvé ce que Morley qualifie de plus grand joyau archéologique d'Amérique, un jaguar rouge grandeur nature et incrusté de quarante-trois disques de jade vert pomme imitant les taches du jaguar ; moi je ne le trouve pas si extraordinaire. À environ cent mètres à l'est, se dresse le temple des

Guerriers, le plus majestueux et le plus évocateur des édifices de Chichén-Itzá, couronné par une série de colonnades avec la figure du serpent à plumes et de Chac-Mool en premier lieu ; ce dernier est une figure inclinée, d'une grande dignité, qui a les pieds sous les fesses et qui tient un plat où l'on devait mettre les offrandes.

À côté du temple des Guerriers, s'élève la série de colonnes qui a fait baptiser le lieu Les Mille Colonnes et puis une série de petits édifices très en ruines parmi lesquels se trouvaient deux ou trois jeux de paume et un bain de vapeur. Quelque deux cents mètres à l'ouest du château se trouve le Jeu de paume majeur, un terrain aux grandes dimensions, 146 mètres sur 36. Sont encore conservés les deux anneaux de pierre encastrés dans le mur par où il fallait faire passer la balle en caoutchouc massif, qui ne pouvait être lancée à la main mais avec les coudes ou les genoux, et la tradition veut qu'il était si difficile de la faire passer que celui qui y parvenait avait le droit de prendre tous les bijoux des présents. Sur le flanc est du Jeu de paume, se dresse le temple des Jaguars qui a des fresques peintes déjà très détériorées. Face au côté nord du château, il y a une série de petites plates-formes appelées les Ananas, la Maison des Aigles, Tzompantli (lieu des crânes où l'on conservait les têtes des victimes sacrifiées), sans grande importance architecturale. En continuant au sud, en prenant la route actuelle vers Mérida on trouve ce que Morley appelle « tombe du Grand Prêtre » et les anthropologues mexicains « l'Ossuaire », où il y avait une grande quantité d'offrandes et l'un des rares lieux où l'on a trouvé des perles (dans la nouvelle tombe de

Palenque, il y en a une qui ressemble à une larme). Actuellement il n'y a que deux grandes têtes de serpent à plumes et quelques colonnes quadrangulaires. Ensuite il y a une série de temples mineurs, comme celui du Cerf et le Chac-Mool appelé auparavant Maison Rouge et par cette zone on arrive au Colimaçon ou Observatoire, un des principaux édifices par sa taille et sa signification. Le Colimaçon est l'observatoire où les Mayas faisaient leurs recherches astronomiques ; il est constitué de deux vastes plates-formes qui soutiennent la construction importante : une tour de douze mètres de haut, partiellement détruite aujourd'hui, au sommet de laquelle on monte par un escalier étroit en colimaçon et qui a une ouverture laissant passer les rayons solaires et lunaires et les équinoxes de printemps et d'automne. À l'extrême sud de Chichén-Itzá, se trouve Les Nonnes, un édifice assez en ruines avec une jolie décoration en forme de liseré et des restes de fresques. À l'est, se trouve un édifice sans grandes prétentions, Akab'Dzib, qui conserve aussi de petits restes de fresques.

Uxmal est une ville beaucoup plus moderne que Chichén-Itzá, fondée au Xe siècle par un chef de la famille Xiu [67], Ah Zuitok Tutl Xiu, d'origine mexicaine ; lors des guerres entre Chichén et Mayapán, Uxmal est restée neutre puis a contribué à renverser le chef Mayapán en 1441, mais ils ont abandonné Uxmal par la suite. C'est une ville vraiment belle, beaucoup plus ancienne que Chichén même si elle n'atteint pas la

67. Dans le livre *La Civilisation Maya* de Morley, il apparaît comme Hun Uitzil Chac Tutul Xiú. (Note d'Ernesto Guevara.)

catégorie artistique de Palenque. Elle n'a pas été aussi étudiée ni reconstruite que Chichén, ce qui est dommage car elle a des édifices de grande beauté, tel que le palais du Gouverneur, qui a été catalogué comme le plus beau de l'aire maya, bien que personnellement je préfère le Quadrilatère des Nonnes. L'édifice du gouverneur a quatre vingt-quinze mètres de long, douze de large et huit de haut, et il est travaillé avec un soin extrême. À Uxmal on voit peu le serpent à plumes et d'autres motifs aztèques mais toute la mosaïque de ses frises offre, à mon avis, une grande ressemblance avec les travaux zapotèques ou mixtèques de la zone de Mitla-Oaxaca. Au nord et dans un coin de la maison du Gouverneur, se trouve le temple dit des Tortues, petit bijou archéologique. Le Quadrilatère des Nonnes est formé de quatre ailes qui renferment un patio de 80 mètres sur 65 ; on entre par une large porte à voûte trapézoïdale sur le côté sud et en face il touche le temple de Vénus (ainsi appelée à l'époque moderne) de grande beauté architecturale et les ailes est-ouest, également merveilleusement travaillées. À côté de cette construction, s'élève le temple dit du Devin, qui a probablement été le plus important édifice cérémoniel de la ville. Tels sont les édifices principaux et les mieux conservés, mais il y en a un bon nombre d'autres comme le Groupe nord et nord-ouest, la Terrasse des monuments, le Jeu de paume, le Cimetière, le Groupe Ouest, le Pigeonnier, la Grande Pyramide, le Groupe Sud, la pyramide de la Vieille, qui ne sont pas encore bien propres ni restaurés.

Le lendemain (ou plutôt le jour même, de nuit), nous avons embarqué pour Veracruz à bord du *Ana*

Graciela ; un petit bateau à moteur de cent cinquante tonnes sur lequel nous avons passé une bonne journée mais le lendemain un mauvais vent du nord s'est déchaîné et nous a fait joliment danser. Nous nous sommes reposés une journée à Veracruz puis nous sommes partis pour Mexico par la route de Córdova où nous sommes restés une heure pour connaître la ville. Elle ne vaut pas grand-chose, mais elle est très agréable ; située à plus de huit cents mètres au-dessus du niveau de la mer, elle a un air très frais dans son atmosphère tropicale ; il y a des semis de café en abondance. Tout près se trouve Orizaba déjà beaucoup plus andine et par là-même plus triste, plus froide. À la sortie de cette dernière, comme une dépendance, se dresse Río Blanco, où s'est produit un massacre historique d'ouvriers qui protestaient contre l'exploitation d'une compagnie yankee, je ne me souviens plus de l'année.

Deux événements importants seulement, l'un d'eux prouve que je me fais vieux : une fille que j'ai aidée à rédiger une thèse m'a mis parmi ses directeurs (ici on a l'habitude de dédier sa thèse à la moitié du monde) et je me suis senti très heureux. L'autre est très beau : je suis allé sur l'Iztacihualt, le troisième volcan du Mexique, le chemin est très long et c'était ce qui s'appelle une initiation où certains étaient à cheval. Au début j'ai marché aux côtés des meilleurs, mais à un moment donné je me suis arrêté cinq minutes pour soigner une de mes ampoules, et quand j'ai repris la marche, je me suis lancé à toute vitesse pour atteindre le gros de la colonne ; je l'ai atteint mais déjà essoufflé et à la fin j'ai commencé à me sentir fatigué. J'ai alors eu la chance de rencontrer une fille qui n'en pouvait plus et sous prétexte de l'aider (elle était à cheval) je me suis accroché à l'étrier. On est enfin arrivés aux tentes où il fallait passer la nuit et ma nuit a été très froide, j'ai très mal dormi. Lorsque nous sommes arrivés, la terre était sèche ; en nous levant le lendemain, il y avait trente ou quarante centimètres de neige et il continuait à neiger. On a décidé de monter de toutes façons, mais on n'a même pas pu arriver au col, si bien qu'à onze heures du matin on commençait la descente.

Tout le chemin jusque là poussiéreux et pierreux était maintenant couvert de neige ; moi qui souffre d'une mauvaise circulation dans les jambes, je portais cinq paires de chaussettes, ce qui m'empêchait presque de marcher, mais un muletier qui menait ses mules de bât est passé si fièrement les jambes à l'air qu'il m'a donné des complexes. C'est à l'arrivée dans la zone boisée que le spectacle a été le plus beau, car la neige dans les pins c'est quelque chose de formidable ; en plus la neige continuait à tomber et cela augmentait la beauté du tableau. Je suis arrivé moulu à la maison.

De nouveau sur l'Iztacihualt, après quelques échecs. Cette fois-ci, les choses se sont passées ainsi : on est arrivés à neuf au puits, à l'aube, et on a commencé à monter en longeant la Gubia en direction du refuge d'Ago, impatients de redresser les genoux. Quand on a attaqué la neige, il y en a deux qui sont repartis ; je suis resté dans le dernier groupe et celui qui était avec moi, au moment d'attaquer le glacier, voyant que ce n'était que de la glace, est reparti ; je suis alors resté seul derrière et je suis tombé, restant accroché à une saillie dans la glace. La chute m'a rendu plus prudent et je marchais très lentement. Au moment où le guide essayait de me donner du courage et de me montrer comment faire pour monter, il a dévissé. Il est passé à côté de moi comme un éclair en essayant désespérément de clouer son piolet dans la glace et finalement il s'est arrêté, après avoir roulé sur environ quatre-vingts mètres, près d'un précipice d'où il aurait fait le grand saut en enfer. Après la dégringolade du guide, on est tous descendus en faisant très attention, ce qui fait qu'on a mis plus de temps à descendre qu'à monter. Le guide se sentait épuisé et il s'est trompé de chemin, après, pour la descente, si bien qu'on est arrivés à six heures du soir au puits.

Il s'est écoulé beaucoup de temps, et beaucoup de nouveaux événements ont eu lieu. Je n'exposerai que les plus importants : depuis le 15 février 1956 je suis père, Hilda Beatriz Guevara est la première-née. J'appartiens au groupe de Roca du CE du Mexique. Cinq postes qu'on m'offrait ont capoté et je me suis improvisé caméraman dans une petite compagnie, mes progrès dans l'art cinématographique sont rapides. Mes projets pour le futur sont nébuleux, mais j'espère terminer un ensemble de travaux de recherche. Cette année peut être importante pour mon avenir. J'ai déjà quitté les hôpitaux. J'écrirai avec plus de détails.

Annexes

En raison de leur importance historique, sont reproduites dans cette Annexe, des lettres envoyées à sa famille, postérieures aux événements qu'il raconte dans son journal, qui est évidemment inachevé vu sa décision irrévocable de participer à la préparation militaire des futurs participants à l'expédition du Granma.

Sont jointes, de plus, des informations parues dans des journaux mexicains qui rapportent son emprisonnement et les démarches pour sa libération.

À partir d'ici, les notes sont d'Ernesto Guevara Lynch, extraites de Aquí va un soldado de América, *Planeta, Argentine, 1987.*

Avec Eduardo García (Gualo).

Photo inédite prise par l'auteur lors de son voyage.

Photo inédite prise par l'auteur lors de son voyage.

Au Guatemala avec Ricardo Rojo, Luzmila Oller, Eduardo García (Gualo), Hilda Gavea, Oscar Valdovinos, entre autres.

Photo inédite prise par l'auteur lors de son voyage.

Au Mexique.

Photo inédite prise par l'auteur : le Popocatépetl.

Au Mexique.

Groupe d'amis lors de l'une des tentatives d'escalade du Popocatépetl.

Photo inédite prise par l'auteur. « Château » de Chichén-Itzá.

« Château » de Chichén-Itzá. (Photo récente prise par Ernesto, le fils du Che)

Photo inédite prise par l'auteur. Tribune du nord. Le Jeu de Paume. Chichén-Itzá.

Photo inédite prise par l'auteur. Le Colimaçon ou l'Observatoire. Chichén-Itzá.

Photo inédite prise par l'auteur.
Temple des Guerriers. Chichén-Itzá.

Temple des Guerriers. Chichén-Itzá.
(Photo récente prise par Ernesto, le fils du Che).

Photo inédite prise par l'auteur. Temple des Jaguars.
Chichén-Itzá.

Temple des Jaguars. Chichén-Itzá.
(Photo récente prise par Ernesto, le fils du Che).

Photo inédite prise par l'auteur. L'Ossuaire. Chichén-Itzá.

Photo inédite prise par l'auteur. Plate-forme des Tigres. Chichén-Itzá.

Plate-forme des Tigres. Chichén-Itzá. (Photo récente prise par Ernesto, le fils du Che).

Photo inédite prise par l'auteur. Le Cenote sacré. Chichén-Itzá.

Photo inédite prise par l'auteur. Vue panoramique du « Château » de Chichén-Itzá et le Temple des Guerriers depuis le Colimaçon (Observatoire).

Photo inédite prise par l'auteur. Les Nonnes, vue depuis le Colimaçon (Observatoire).

Photo inédite prise par l'auteur.
Eglise d'un village près d'Uxmal.

Photo inédite prise par l'auteur. Temple du Devin. Uxmal.

Uxmal.
(Photo récente prise par Ernesto, le fils du Che).

Uxmal.
(Photo récente prise par Ernesto, le fils du Che).

Uxmal.
(Photo récente
prise par Ernesto,
le fils du Che).

Uxmal.
(Photo récente
prise par Ernesto,
le fils du Che).

Photo inédite prise par l'auteur.
Palais du Gouverneur. Uxmal.

Palais
du Gouverneur.
Uxmal.
(Photo récente
prise par Ernesto,
le fils du Che).

Photo inédite prise par l'auteur. Palais du Gouverneur. Uxmal.

Palais du
Gouverneur.
Uxmal.
(Photo récente
prise par
Ernesto,
le fils du Che).

Photo
inédite
prise par
l'auteur.
Entrée
du patio
du
Quadrila
tère des
Nonnes.
Uxmal.

Photo inédite
prise par l'auteur.
Mascarons
du Dieu Chac
et temple de Vénus.
Uxmal.

Mascarons du Dieu Chac et temple de Vénus. Uxmal. (Photo récente prise par Ernesto, le fils du Che).

Vue panoramique des vestiges archéologiques d'Uxmal. (Photo récente prise par Ernesto, le fils du Che).

Vue panoramique des vestiges archéologiques d'Uxmal. (Photo récente prise par Ernesto, le fils du Che).

Photo inédite prise par l'auteur. Cathédrale de Campeche vue depuis le Marché.

L'auteur à Campeche.

Photo inédite
prise
par l'auteur.
Fort de
Campeche.
Porte en terre.

Photo inédite
prise par
l'auteur.
Lac Catemaco.

Photo inédite
prise par l'auteur.
Coatzacoalcos
depuis Allende.

Photo inédite prise
par l'auteur.
Puerto Alvarado
sur le Papaloapan.

Photo inédite
prise par l'auteur. Rives du
Papaloapan.

À bord du ferry
traversant le Papaloapan.

Photo inédite
prise par l'auteur.
Boca del Río,
petit village de
pêcheurs.

Photo inédite
prise par l'auteur.
Palenque.
Temple des
Inscriptions et de
la Tombe, depuis
l'Observatoire.

Photo inédite
prise par l'auteur.
Palenque.
Hiéroglyphes.

Photo inédite prise par l'auteur. Palenque. Temple du Comte et Palais du Nord.

Photo inédite prise par l'auteur. Palenque. Cascade de l'*Arroyo.*

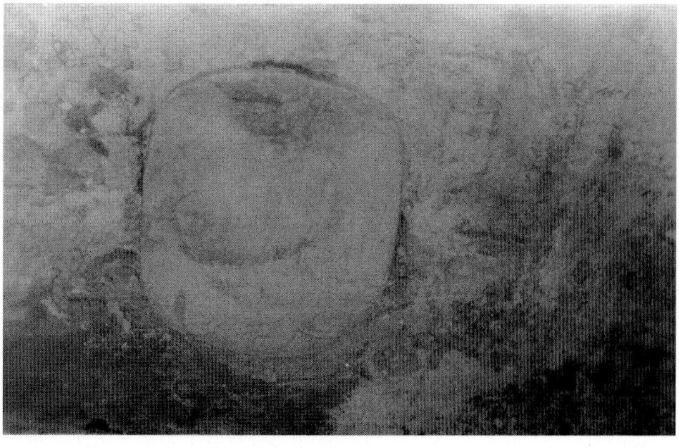

Photo inédite prise par l'auteur. Palenque. Médaillon.

Photo inédite
prise par l'auteur.
Jeux Panaméricains
de Mexico, 1955.

Photo inédite
prise par l'auteur.
Jeux Panaméricains
de Mexico, 1955.
« Bob Richard passe la
barre à 4,50 m ».

Photo inédite prise par l'auteur. Jeux Panaméricains de Mexico, 1955. « Défilé de l'équipe mexicaine qui a imposé ses qualités lors de la Coupe des Nations ».

Photo inédite prise par l'auteur. Jeux Panaméricains de Mexico, 1955.
« Départ de la finale des 1 500 mètres ».

Photo inédite prise par l'auteur. Jeux Panaméricains de Mexico, 1955.
« Beckler, d'Argentine, part en première position dans le relais «.

Photo inédite prise par l'auteur. Jeux Panaméricains de Mexico, 1955.
« Miranda se dépasse et gagne l'épreuve ».

Lors de l'escalade du Popocatépelt.

À Mexico.

Dans la cour du centre migratoire Miguel E. Schulz 136 (prison), Mexico.

Dans le centre migratoire Miguel E. Schulz 136,
avec Reinaldo Benítez Nápoles, Alberto Bayo, Universo Sánchez.

Dans le centre migratoire Miguel E. Schulz 136, avec un groupe de futurs participants à l'expédition du « Granma » et la camarade María Antonia.

Itinéraire d'Ernesto Guevara à travers l'Amérique du Sud et l'Amérique Centrale.

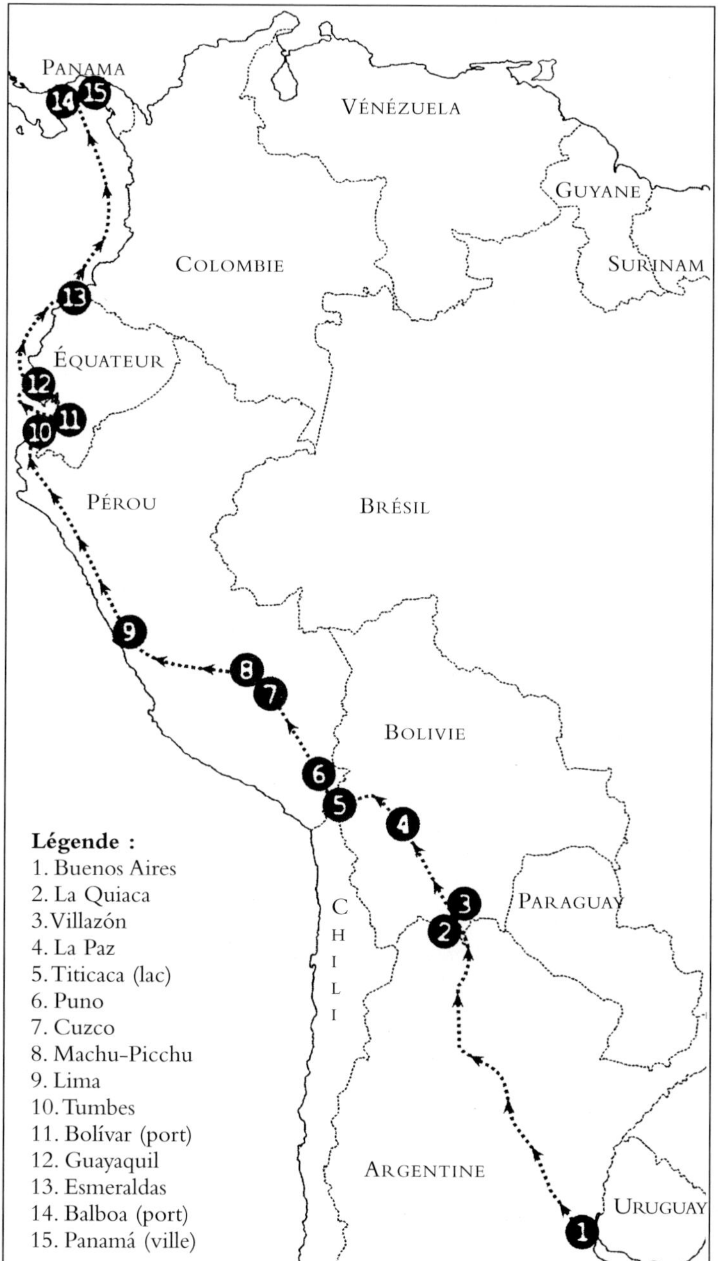

Itinéraire d'Ernesto Guevara à travers quelques pays du continent américain.

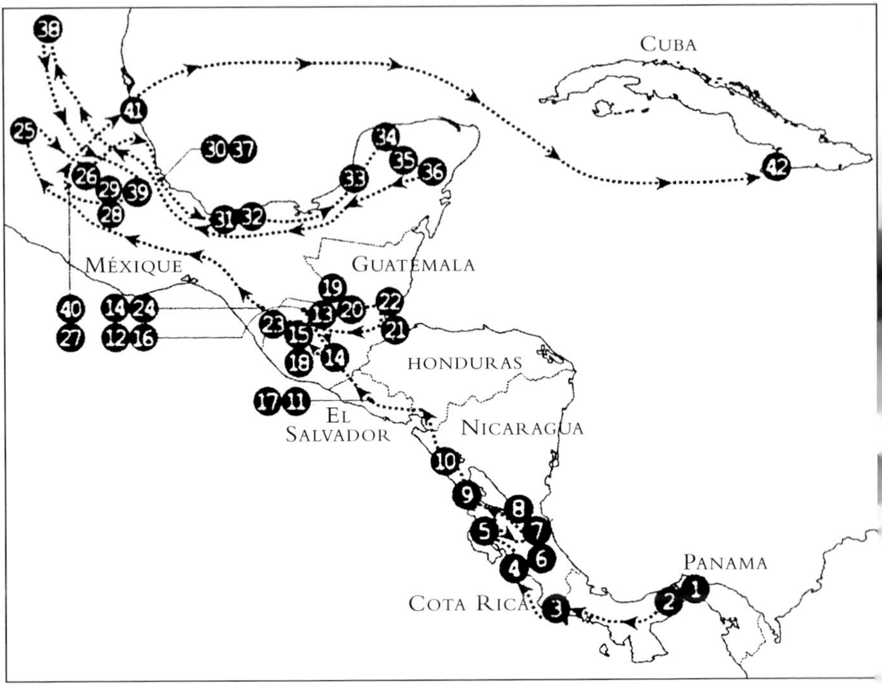

Lieux où est passé ou resté Ernesto Guevara dans son périple à travers quelques pays du continent.

Légende

1. Balboa (port)
2. Panamá (ville)
3. Golfito
4. Puntarenas
5. San José
6. Liberia
7. Alajuela
8. La Cruz
9. Rivas
10. Managua
11. San Salvador
12. Guatemala (ville)
13. Amantitlán
14. Chimaltenango
15. Tiquisate
16. Guatemala (ville)
17. San Salvador
18. Santa Ana
19. El Progreso
20. Jalapa
21 Quiriguá
22. Puerto Barrios
23. Atlitán (lac)
24. Chimaltenango
25. León (Guanajuato)
26. Puebla
27. Mexico (ville)
28. Popocatépetl (5 450 m)
29. Iztaccihuatl (5 286 m)
30. Veracruz
31. Catemacos (lac)
32. Coatzacoalcos (rivière)
33. Campeche
34. Mérida
35. Uxmal
36. Chichén-Itzá
37. Veracruz
38. Córdoba
39. Orizaba
40. Mexico (ville)
41. Tuxpan
42. Las Coloradas (Cuba)

Article du quotidien Excelsior, 10 juillet 1956

19 des étrangers détenus sont remis en liberté

Seuls restent en prison Ruz, Guevara et d'autres qui, eux, ont violé la loi

Dix-neuf des étrangers détenus pour complot et projet d'assassinat du général Fulgencio Batista, président de Cuba, ont été remis en liberté par le secrétariat du gouvernement régional, hier à vingt heures, mais soumis à une surveillance spéciale en attendant que soit décidé ce qui sera fait dans chacun des cas.

Le sous-secrétaire du secteur concerné, le docteur Fernando Román Lugo, a annoncé ce qui précède et indiqué que la liberté conditionnelle avait été accordée après que chacun des conspirateurs eut fait une nouvelle déposition et que le procès-verbal correspondant eut été dressé.

Il a ajouté que le secrétariat, dans ce cas précis, a réglé tous ses actes sur la loi générale de la population et qu'il a procédé conformément aux pouvoirs dont il est investi en matière migratoire.

Le gouvernement régional a ordonné la remise en liberté des détenus, après avoir vérifié qu'ils étaient encore dans les délais que leur accorde la loi pour rester dans le pays, où ils sont entrés comme touristes.

Ne sont restés en prison que le docteur Fidel Castro Ruz, Ernesto Guevara, Calixto García et Santiago Hirzel, car il a été prouvé qu'ils ont violé de façon flagrante et ostensible la loi générale de la population, puisque, alors qu'ils ne pouvaient rester que six mois au Mexique, ils y sont restés pratiquement un an ; dans ce cas, le secrétariat procède conformément à ses pouvoirs.

LES FORMALITÉS
ONT COMMENCÉ À 17 H 30

Les formalités de remise en liberté des détenus ont débuté à 17 h 30, dans le centre migratoire du 136 de la rue Miguel-E. Schulz, en présence des fonctionnaires autorisés par le Secrétariat, et après avoir communiqué aux détenus libérés que tous leurs actes devraient se conformer à la loi, que leur sortie était subordonnée à une stricte surveillance de leurs actes et aux mesures qui devront être prises si elles s'avèrent pertinentes, au moment opportun et pour chaque cas.

C'est-à-dire qu'ils restent soumis aux lois migratoires, indépendamment de l'action qui devra être intentée plus tard en raison des activités ayant donné lieu à leur détention et qui concernent un autre aspect du terrain délictueux.

La liberté a été accordée aux personnes suivantes : Luis Crespo Castro, José Raúl Vega, Alberto Bayo Cosgaya, Aguedo F. Aguilar Rodríguez, Tomás Electo Pedrera Pinto, Celso Maragallo Lara, Rolando Santana Reyes, Oscar Rodríguez Delgado, Cándido González Mireles, José Almeida Bosque, Reinaldo Benítez Nápoles, Ciro Redondo García, Santiago Díaz González, Eduardo Roig Castellanos, Arturo Chaumont Portocarrero, Ricardo Bonachea Ferriol, Horacio Rodríguez Hernández, Universo Sánchez Alvarez et María Antonia González.

Les détenus libérés, accompagnés de leurs avocats, ont quitté hier le Centre migratoire.

LA DÉFENSE TENTERA
DE FAIRE LIBÉRER LES AUTRES

Hier même, le docteur Ignacio Mendoza Iglesias, qui est à la tête du collège des avocats des conspirateurs et qui a formé les demandes en leur nom devant le juge fédéral Lavalle Fuente, a déclaré qu'il poursuivrait ses activités pour obtenir la remise en liberté de Castro Ruz, Guevara, García et Hirzel.

Il a indiqué que les quatre en question, tout comme les dix-neuf détenus libérés, sont sous la protection du premier juge pénal du district et qu'il exigerait que soit respectée cette décision judiciaire, car le gouvernement régional persiste à violer la protection fédérale de la justice accordée à ses clients.

Article du quotidien Excelsior, 27 juin 1956

Nouvelles arrestations de conjurés cubains soupçonnés d'avoir le soutien des communistes

Le colonel Bayo Giroud est prêt à se livrer et à répondre de tout le plan

L'enquête a fourni hier d'importants détails sur le complot pour renverser le président de Cuba, Fulgencio Batista, dont la mort a également été planifiée.

1. Le mouvement révolutionnaire pour lequel étaient préparés ici en secret des techniciens et des officiers a été soutenu ou inspiré par des organisations communistes, selon la DFS.

2. Six autres conjurés cubains ont été arrêtés par la Direction fédérale de la Sécurité, qui a refusé de confirmer officiellement le fait.

3. Le leader Fidel Alejandro Castro Ruz et son frère Luis ont tenté de se pourvoir contre l'arrestation, le jour de leur capture.

4. Le colonel espagnol Alberto Bayo Giroud, en fuite, qui est désigné comme l'entraîneur militaire du groupe séditieux, est prêt à se livrer à la police et se déclare responsable du mouvement découvert ici.

5. La DFS a étendu ses recherches « jusqu'à capturer une trentaine d'autres conjurés figurant sur une liste trouvée en la possession de Castro Ruz » ainsi que pour connaître la portée du mouvement.

UN MÉDECIN ARGENTIN LIÉ À DES COMMUNISTES

Concrètement, la DFS a révélé hier soir que le médecin argentin Ernesto Guevara Serna est le principal lien qu'avait le groupe de conjurés avec certaines organisations communistes de type international.

Guevara Serna se trouve au Mexique depuis 1955, car il a été expulsé avec un groupe de politiciens guatémaltèques, après la chute de l'ex-président du Guatemala, Jacobo Arbenz.

Le docteur Guevara – qui a également figuré dans d'autres mouvements politiques de caractère international dans la République Dominicaine et au Panama – a été identifié par la DFS comme « membre actif de l'Institut d'échanges culturels mexicano-russe ».

Guevara Serna, dans le complot raté découvert ici, était le chef du personnel du groupe « 26 juillet ».

Au dire de certains enquêteurs, dont on ne nous a pas autorisé à révéler les noms, « il existe parmi les détenus d'autres agents du communisme international et l'on soupçonne que le groupe « 26 juillet » était soutenu par des communistes et des Cubains ».

D'AUTRES CONSPIRATEURS CUBAINS DÉTENUS

Bien que les hauts fonctionnaires de la DFS se soient refusés à « confirmer officiellement » l'arrestation d'autres conspirateurs, dans les cercles proches de la police, on a insinué, hier soir, que six autres Cubains avaient été arrêtés, dont les frères Erasmo et Efrén Rivera Flores. Le premier est propriétaire du ranch de Santa Rosa, situé à Ayapango, dans le district de Chalco, Mexico, où les Cubains séditieux étaient entraînés militairement pour une future révolution qui aurait dû éclater dans un mois et demi. Le second est propriétaire d'une automobile Chevrolet, modèle 1939, immatriculée 79156, qui a été saisie dans les environs du ranch qui servait de base. Efrén Rivera Flores est domicilié au numéro 161 de la rue du Dr-Jiménez, dans une maison abandonnée.

Toutefois, « officieusement » un haut fonctionnaire a insinué « qu'il y aurait peut-être trois ou quatre autres détenus, dont le lien avec le complot n'est pas encore complètement prouvé ».

LES CONJURÉS SONT CONDAMNÉS À MORT

L'arrestation des vingt-deux conspirateurs cubains et l'échec de leur plan est le résultat d'une minutieuse enquête, car tous ont refusé de révéler des données à la police.

Ce qui précède, au dire du directeur de la DFS, le colonel Leandro Castillo Venegas, et du capitaine Fernando Gutiérrez Barrios qui a mené l'enquête, est dû à ce que tous « sont condamnés à mort par Castro Ruz ».

La police calcule que le groupe « 26 juillet » avait déjà investi un peu plus d'un demi-million de pesos en armes, cartouches, dynamite et autres explosifs, pour l'entraînement des 50 « futurs officiers » qui dirigeraient par la suite la révolution contre Batista.

Hier, dans le bureau du colonel Castillo Venegas, on a rassemblé une partie de l'armement qu'utilisaient les Cubains durant leurs exercices dans le ranch de Santa Rosa.

Y figurent les trois fusils militaires 30-06 de fabrication nationale, qui préoccupent le plus la DFS, étant donné que de telles armes ne sont pas en vente dans les armureries locales.

À ce propos, le capitaine Gutiérrez Barrios a indiqué qu'on intensifierait les recherches, y compris à partir du moment où ces fusils sont sortis de la Fabrique nationale d'armes.

Cependant, il a insinué que des armes de ce type sont en la possession de tireurs sportifs appartenant à certains clubs officiellement enregistrés et que c'est peut-être de cette façon qu'ils les ont acquises.

BAYO GIROUD PRÊT À SE LIVRER À LA POLICE

D'autre part, on a affirmé officieusement que le colonel espagnol Alberto Bayo Giroud, vétéran de la guerre civile espagnole, en fuite, qui entraînait les Cubains à Santa Rosa, a envoyé une lettre à la DFS, dans laquelle il dit « être prêt à se livrer » et où il fait référence à Fidel Castro Ruz comme à un « simple directeur politique du groupe, dont les activités n'ont pas à être pénalisées ».

Le fils du colonel Bayo Giroud, le pilote d'avion Alberto Bayo, est également détenu, selon ce qu'a confirmé la DFS.

Le capitaine Gutiérrez Barrios a révélé que dans le règlement pour les « Résidents » élaboré par Castro Ruz, il est dit que « toute délation ou indiscrétion est punie de mort ». Dans ce règlement, saisi au 49 de la rue Emparán, on précise aussi que les conjurés « doivent opérer de façon indépendante et éviter d'avoir des entrevues en public ». Autrement dit, ils ne devraient jamais être vus en groupe.

Le coup de filet de la police a été réalisé de façon soudaine, et c'est pour cela qu'on a trouvé la liste des membres du Groupe libéral « 26 juillet ».

Ont procédé aux arrestations le capitaine Gutiérrez Barrios et les chefs Luis Bazel Marín et Fausto Morales Juárez, ainsi que les agents Jesús Villaseñor Ramírez, Fernando González Gutiérrez, Julio Couttolene Cortés et Juan Orozco González.

De son côté, le sous-directeur de la DFS, le docteur Suárez Torres a confirmé que « l'on présume que le mouvement contre Batista a des ramifications ».

Il est possible qu'au cours de l'enquête on saisisse davantage d'armement.

Suárez Torres a déclaré que, lors d'une conversation avec Castro Ruz, ce dernier lui a indiqué qu'il y a « plusieurs millions de dollars en armes, cachées à Cuba ».

Lettre à sa mère

Cuzco 22 [août 1953]

Attention à l'en-tête, Maman,

Je me suis fait très plaisir pour la seconde fois et là à moitié comme un dandy, mais l'effet est différent, Alberto s'imaginait épouser des princesses incas, récupérer des empires. Calica peste contre la crasse et chaque fois qu'il marche sur l'une des innombrables crottes qui jalonnent les rues, au lieu de regarder en l'air ou quelque cathédrale découpée dans le ciel, il regarde ses chaussures sales. Il ne sent pas cette impalpable matière évocatrice qu'est Cuzco, mais l'odeur des ragoûts et du crottin ; question de tempérament.

Toute cette incohérence apparente du « je m'en vais », « je suis parti », « je n'y suis pas allé », etc., répondait au besoin que nous avions que l'on nous croie hors de Bolivie, car on attendait une révolte d'un moment à l'autre et nous avions la ferme intention de rester pour la voir de près. À notre grand dam, elle n'a pas eu lieu et nous n'avons vu que des manifestations de force du gouvernement, qui, quoique l'on en dise, me paraît solide.

J'ai failli aller travailler dans une mine, mais je n'étais pas disposé à rester plus d'un mois et on m'en offrait trois au minimum, si bien que je n'ai pas accepté.

Par la suite on est allés au bord du lac Titicaca, à Copacabana, et nous avons passé une journée sur l'île du Soleil, célèbre sanctuaire du temps des Incas où s'est réalisé un de mes plus chers désirs d'explorateur : j'ai trouvé dans un cimetière indigène une petite statue de femme de la taille d'un auriculaire, mais une idole tout de même, faite du fameux *chompi*, l'alliage des Incas.

Puis en arrivant à la frontière il a fallu faire deux kilomètres à pied sans possibilité de transport, et moi j'ai dû, sur environ un kilomètre, porter ma valise pleine de livres, c'était une vraie bombe à retardement. On est arrivés tous les deux, ainsi que deux petits péons, avec la langue pendante.

À Puno, il y a eu un esclandre avec la douane parce qu'ils m'ont réquisitionné un livre bolivien en disant qu'il était rouge. Il n'y a pas eu moyen de les convaincre que c'étaient des publications scientifiques.

De ma vie future, je ne te parle pas, car je ne sais rien, ni même comment marcheront les choses au Venezuela ; mais on a déjà obtenu le visa par l'intermédiaire [...] du futur plus lointain, je te dirai que je m'entête à réunir 10 000 dollars, que nous ferons peut-être un nouveau voyage à travers l'Amérique latine, mais cette fois-ci en direction nord-sud avec Alberto, et que ce sera peut-être en hélicoptère. Puis l'Europe et puis l'inconnu.

Lettre à son amie Tita Infante

Lima, le 3 septembre

Chère Tita [1],

Je regrette de devoir vous écrire de ma « belle » écriture, mais je n'ai trouvé aucune machine pour remédier à ce mal. De toute façon, j'espère que vous aurez une journée libre pour la consacrer à lire cette lettre.

Venons-en au fait. Remerciez votre ami Ferreira de sa lettre de présentation pour le collège bolivien. Le docteur Molina m'a très aimablement traité et s'est montré tout à fait content de moi et également de mon compagnon de voyage, celui que vous avez connu chez moi. Il nous a tout de suite offert un poste, à moi de médecin et à Calica d'infirmier dans une mine ; nous avons accepté, mais en réduisant à un seul les trois mois qu'il voulait nous imposer. Tout semblait prêt et, devenus si amis, nous devions nous présenter le lendemain pour résoudre les détails. Quelle n'a pas été notre surprise lorsque le lendemain nous avons appris que le docteur Molina était parti en inspection dans la chaîne de mines et ne rentrerait que dans les deux ou trois jours. Nous nous sommes présentés une fois ce délai écoulé et aucune

1. Berta Gilda (*Tita*) Infante, militante de la Jeunesse communiste argentine et étudiante en médecine, a été une grande amie d'Ernesto Guevara.

nouvelle de Molina, mais on croyait qu'il serait de retour dans les deux jours. Il serait trop long de vous énumérer toutes les fois où nous sommes partis à sa recherche ; le fait est que vingt jours se sont écoulés avant qu'il ne soit de retour, et nous ne pouvions plus partir pour un mois, car avec cette perte de temps cela en faisait deux, si bien qu'il nous a donné des lettres pour le responsable d'une mine de wolfram et nous y sommes allés passer deux ou trois jours. C'est très intéressant, surtout que la mine est située dans un endroit merveilleux. Ça a été un voyage d'une grande utilité.

Je vous dirai qu'à La Paz j'ai oublié mon régime et toutes ces sottises, et que malgré ça j'ai été en pleine forme durant le mois et demi où je suis resté. Nous nous sommes un peu promenés aux alentours plus ou moins proches de la capitale, comme dans les Yungas, qui sont de belles vallées tropicales, mais une des choses intéressantes à laquelle nous nous sommes consacrés a été d'observer la situation politique qui est extrêmement intéressante. La Bolivie est un pays qui a donné un exemple vraiment important à l'Amérique. On a vu le décor même des luttes, les impacts de balle, jusqu'aux restes du corps d'un homme mort dans la dernière révolution et trouvé récemment dans une corniche où son tronc avait volé en éclats, vu que les cartouches de dynamite qu'il portait à la ceinture avaient explosé. Enfin, on a lutté sans hésiter. Ici les révolutions ne se font pas comme à Buenos Aires, et deux ou trois mille morts (personne ne sait exactement combien) sont restés sur le terrain.

La lutte continue encore aujourd'hui et presque tous les soirs il y a des blessés par balle de l'un ou l'autre camp, mais le gouvernement est soutenu par le peuple armé, si bien qu'il n'est pas possible qu'un mouvement armé depuis l'extérieur le liquide, il ne peut succomber qu'à des luttes internes.

Le MNR est un conglomérat où l'on observe trois tendances plus ou moins nettes : la droite, représentée par Siles Suazo, le vice-président et héros de la révolution ; le centre, avec Paz Estenssoro, plus fuyant bien que probablement aussi à droite que le premier, et la gauche, avec Lechín, la tête visible d'un mouvement de revendication sérieux, mais qui personnellement est un parvenu coureur de jupons et fêtard. Il est probable que le pouvoir reste finalement aux mains du groupe Lechín, qui compte sur l'aide puissante des mineurs armés, mais la résistance de leurs collègues de gouvernement peut être sérieuse, surtout depuis que l'armée s'est réorganisée.

Bon, je vous ai un peu raconté la situation bolivienne, je vous raconterai ensuite celle du Pérou, lorsque j'aurai vécu un peu plus ici ; mais en général la domination yankee n'a même pas signifié pour le Pérou ce bien-être économique fictif que l'on peut voir au Venezuela, par exemple.

De ma vie future je sais peu de choses quant à une destination et encore moins quant au temps. Nous pensions aller à Quito et, de là, à Bogota puis à Caracas, mais nous ignorons les étapes intermédiaires. Ici à Lima je suis à nouveau arrivé *via* Cuzco.

Je ne me lasserai pas de vous recommander d'y faire une visite dès que vous le pourrez, et surtout à Machu Picchu. Je vous assure que vous ne vous en repentirez pas.

J'imagine que depuis que je suis parti vous aurez passé au moins cinq examens, et j'imagine aussi que vous continuez à pêcher des vers de terre dans la mer… De toute façon en matière de vocation il y a peu, voire rien, d'écrit; mais si un jour vous changez votre cloaque pour connaître le monde

Souviens-toi de cet ami
Qui pour toi doit risquer sa peau
Pour t'aider en ce qu'il peut
Quand l'occasion se présentera

Je vous embrasse et à quand vous le voudrez bien ou à quand je serai arrivé là où vous l'aurez bien voulu.

ERNESTO

Lettre à sa mère

Guayaquil [21 octobre 1953]

Je t'écris une lettre que tu liras va savoir quand, dans ma nouvelle position d'aventurier à cent pour cent. Beaucoup d'eau a coulé sous les ponts depuis mes dernières nouvelles épistolaires.

Le fait est le suivant : nous marchions un peu nostalgiques de notre patrie aimée, Calica, García (une des acquisitions) et moi. Nous parlions du bien-être dans lequel devraient être les deux membres du groupe qui ont réussi à partir au Panama et nous commentions le formidable entretien avec XX, cet ange gardien que tu m'as donné – je te raconte juste après. Le fait est que García, l'air de rien, nous a invités à aller avec eux au Guatemala, et mes dispositions psychiques étaient telles que j'ai accepté. Calica a promis de donner sa réponse le lendemain et elle a été affirmative, si bien qu'il y avait quatre nouveaux candidats à l'opprobre yankee. Mais c'est à ce moment-là qu'ont débuté nos malheurs dans les consulats ; nous avons pleuré tous les jours pour obtenir le visa pour le Panama, la condition requise qui nous manque, et après diverses alternatives ayant pour corollaires des hauts et des bas psychiques, on semblait s'orienter vers un refus. Ton costume, ton chef-d'œuvre, la perle de tes rêves, est mort héroïquement dans un dépôt-vente, et il en a été de même pour toutes les choses inutiles figurant dans mes bagages, qui ont beaucoup diminué au profit de la stabilité économique enfin atteinte (soupir) du trio [1].

Concrètement : si un capitaine vaguement ami réussit à faire l'entourloupette nécessaire, García et moi nous pourrons voyager au Panama, et puis les efforts communautaires de ceux qui sont arrivés au Guatemala, plus ceux de ce pays, remorqueront le retardataire qui reste otage des dettes contractées ; si le capitaine en question fait l'âne, les deux mêmes compères poursuivront vers la Colombie, l'otage restant toujours ici, et de là partiront vers le Guatemala dès que Dieu tout-puissant le mettra imprudemment à la portée de leurs griffes.

---

1. Le trio est composé de Gualo García, Andrews Herrera et Ernesto, puisque Calica est parti au Venezuela.

Guayaquil, le 24, après beaucoup d'allers-retours et une tonne d'appels, en faisant de plus prendre discrètement des vessies pour des lanternes, nous avons le visa pour le Panama. Nous partons demain dimanche et nous serons là-bas le 29 ou le 30. J'ai vite écrit au consulat.

ERNESTO

Note parue dans le quotidien *La Hora*

Panama, 10 novembre 1953

DEUX ÉTUDIANTS ARGENTINS
ONT VISITÉ HIER SOIR *LA HORA*

Les étudiants argentins Eduardo García, de la faculté de Droit de l'université de La Plata, et le docteur Ernesto Guevara, spécialiste de l'allergie et de la lèpre, ont visité hier la rédaction de *La Hora*.

Les jeunes cités par l'intermédiaire des pages de ce journal différent saluent les étudiants panaméens. Le séjour des étudiants argentins dans cette ville sera court. Leur voyage est empreint de bonne volonté et ils pensent visiter divers pays d'Amérique centrale.

Article du quotidien *Diario de Costa Rica*

11 décembre 1953

« EXTRAORDINAIRE EXPÉRIENCE MENÉE EN BOLIVIE »

« Avec une capacité minimale, le pays est en train de faire des choses dignes d'éloges ». – Notes de voyage de deux jeunes Argentins qui parcourent le continent par voie terrestre.

Eduardo Paul García, vingt-six ans, et Ernesto Guevara Serna, vingt-cinq ans, sont deux jeunes Argentins qui ont momentanément interrompu leurs études – le premier les fait à la faculté de Droit de l'université de La Plata et le second est docteur en médecine – pour entreprendre un voyage par voie terrestre à travers tout le continent latino-américain.

Leur périple a pour seul but d'élargir le contexte de leur culture générale et d'étudier à fond, sur le terrain même et sans autres prétentions, les problèmes qui affectent les pays latino-américains.

Ils sont partis, en janvier de l'année qui va bientôt s'achever, de Buenos Aires. Ils étaient quatre à participer à cette pérégrination hasardeuse : l'un a dû rester en Équateur, un autre est déjà arrivé au Guatemala, Paul García et Guevara Serna sont eux à mi-chemin.

Leur itinéraire a inclus, jusqu'à maintenant, la Bolivie, le Pérou, l'Équateur et Panama. Ils parcourront toute l'Amérique centrale et termineront leur voyage au Mexique.

Leur périple leur a jusqu'à présent coûté mille dollars. Ils l'ont eux-mêmes financé, par leur travail et leurs économies.

Tous les deux sont particulièrement intéressés par l'étude des arts autochtones. Guevara Serna tient surtout à entrer en contact avec des médecins spécialistes en léprologie, afin d'échanger avec eux des avis sur des méthodes de traitement et de prophylaxie.

« Le pays qui nous a le plus impressionnés est, sans nul doute, la Bolivie. Durant les deux mois où nous avons parcouru la zone minière et d'autres régions importantes de son territoire, nous nous sommes rendu compte de l'état de gestation dans lequel se trouvent ses institutions. L'expérience est des plus intéressantes et des plus riches. Avec une capacité minimale on mène à bien des entreprises extraordinaires, qui sont en train de produire une profonde transformation dans de multiples aspects de la vie politique, sociale et économique de la Bolivie. Tant et si bien que tous les pays de l'hémisphère ont les yeux tournés vers cette République vigoureuse et révolutionnaire.

Notre intérêt pour les questions archéologiques nous conduit à admirer, dans toute sa grandeur, Machupichu [*sic*], une ville perdue près de Cuzco, au Pérou, qui a été le siège d'une grande civilisation historique. Tous les Américains devraient la connaître.

Par l'intermédiaire du *Diario de Costa Rica*, nous souhaitons saluer très cordialement ce beau pays. Nous remercions vivement les habitants de Golfito de leur chaleureux accueil. C'est dans ce port que nous avons commencé à jouir de l'hospitalité costaricienne, qui a une telle réputation, et bien méritée, en Amérique du Sud. »

Messieurs Paul García et Guevara Serna resteront à San José l'espace d'une semaine. Nous leur souhaitons un agréable séjour.

Article dans le supplément dominical de *Panamá-América*

22 novembre 1953

Un coup d'œil sur les rives du géant des fleuves

L'Amazone, avec son cortège tributaire, forme un énorme continent brun enclavé au centre de l'Amérique. Durant les longs mois pluvieux, tous les cours d'eau augmentent leur débit de telle sorte qu'ils envahissent la forêt et la transforment en demeure pour animaux aquatiques ou oiseaux. Les bêtes terrestres ne peuvent se réfugier que sur les terres, qui, comme des taches, émergent du lit brun des eaux. Le caïman, le piranha ou le *canero* sont les nouveaux hôtes dangereux de la Tronda, ils remplacent le *tigrillo*, le jaguar ou le pécari dont la tâche est d'empêcher l'être humain d'élire domicile dans la forêt.

Depuis la lointaine époque où les troupes d'Orellana, angoissées et faméliques, ont posé leur regard sur cette mer boueuse et l'ont suivie dans des embarcations improvisées vers la mer, on a fait des milliers d'hypothèses sur le lieu exact où naît le géant. On a longtemps considéré le Marañón comme la véritable naissance du fleuve, mais la recherche géographique moderne a dévié ses recherches vers l'autre puissant tributaire, l'Ucallaly, et en suivant patiemment ses rives, en le démembrant en affluents de plus en plus petits, on est arrivé à un lac minuscule, qui, au sommet des Andes, donne naissance à l'Apurimac, ruisseau chantant d'abord, puissante voix de la montagne par la suite, justifiant alors son nom, car en quechua *apurimac* signifie « le grand hurleur ». Là naît l'Amazone.

Mais qui se souvient ici des limpides torrents de montagne ? Ici où le fleuve a atteint sa catégorie définitive de colosse et où son silence énorme augmente le mystère de la nuit de la forêt ? Nous sommes à San Pablo, une colonie de malades souffrant de la maladie de Hansen que le gouvernement péruvien entretient aux confins de son territoire et que nous avons utilisée comme base d'opérations pour pénétrer au cœur de la forêt.

Dans toutes les images de la forêt, que ce soit celles des paradis polychromes d'Hudson ou celles aux tons sombres de José E. Rivera, on sous-estime le plus petit et le plus terrible des ennemis, le moustique. À la tombée du soir, un nuage changeant flotte sur l'eau des rivières et se jette sur tout être vivant passant par là. Il est beaucoup plus dangereux de pénétrer dans la forêt sans moustiquaire que sans arme. Les fauves carnivores attaquent rarement l'homme, toutes les mares qu'il faut traverser ne sont pas habitées par des caïmans ou des piranhas, et les serpents ne se jetteront pas sur le voyageur pour lui inoculer leur venin ou l'étouffer dans une étreinte mortelle ; mais les moustiques, eux, attaqueront. Ils le piqueront inexorablement sur tout le corps en lui laissant, en échange du sang qu'ils emportent, des cloques répugnantes et, de temps en temps, le virus de la fièvre jaune ou, plus fréquemment, le parasite provoquant le paludisme.

Il faut toujours descendre vers ce qui est petit pour voir l'ennemi. Il y en a un autre, invisible et puissant, l'ankylostome : c'est un parasite dont les larves s'introduisent dans le corps en perforant la peau de ceux qui marchent pieds nus ; après un voyage dans tout l'organisme, ils s'installent dans le tube digestif, provoquant, à cause des extractions continuelles de sang, des anémies très graves dont souffrent presque tous les habitants de la zone, à plus ou moins grande échelle.

Nous avons marché dans la forêt, en suivant le tracé sinueux d'un sentier indigène, en direction des huttes des Yaguas, aborigènes de la région. La forêt est immense et surprenante, ses bruits et ses silences, ses sillons d'eau sombre ou la goutte limpide qui tombe d'une feuille, toutes ses contradictions si bien orchestrées, réduisent le marcheur jusqu'à le transformer en un point, en une chose sans grandeur ni pensée propre. Pour échapper à cette puissante influence, il faut avoir les yeux fixés sur le large cou du guide baigné de sueur ou sur les empreintes esquissées sur le sol de la forêt qui indiquent la présence de l'homme et rappellent la force de la communauté qui le protège. Une fois que tous nos vêtements nous ont collé au corps et que nous ruisselons de la tête aux pieds, nous arrivons au campement. Un petit nombre de huttes construites sur pilotis, dans une clairière de la forêt et un peu de manioc, qui constitue la base alimentaire de ces Indiens, voilà toutes leurs richesses : des richesses éphémères qui doivent être abandonnées lorsque les pluies gonflent les veines de la forêt et que l'eau les pousse vers les terres hautes, avec leur récolte de manioc et les fruits des palmiers qui assureront leur subsistance.

Durant la journée, les Yaguas vivent dans des maisons ouvertes avec un toit de palme et une plate-forme qui les éloigne de l'humidité du sol ; mais à la tombée de la nuit, le fléau des moustiques est plus fort que leurs peaux stoïques et l'huile à l'odeur répugnante dont ils s'enduisent le corps, et ils doivent se réfugier dans des cabanes de feuilles de palmier, qu'ils ferment hermétiquement avec une porte du même matériau. Pendant les heures que dure l'obscurité, tous les membres de la tribu restent enfermés dans ce refuge, mais la promiscuité dans laquelle ils se retrouvent n'a pas d'effets gênants sur leur sensibilité, vu que les règles morales par lesquelles nous nous gouvernons n'ont aucun sens dans leur monde tribal. Je me suis penché vers la porte de la hutte et une odeur répugnante d'onguents étranges et de corps baignés de sueur m'a immédiatement repoussé.

La vie de ces gens se limite à suivre docilement les ordres que la nature donne par l'intermédiaire des pluies. À cette époque hivernale, ils mangent le manioc et les patates récoltées en été et ils vont pêcher avec leurs pirogues creusées dans des troncs, en plein enchevêtrement de la forêt. C'est curieux de les voir : une immobilité vigilante que rien ne trouble et dans la main droite le petit harpon levé ; l'eau sombre ne permet pas de voir quoi que ce soit, soudain, un mouvement brusque et le harpon s'enfonce, l'eau s'agite un moment et puis on voit seulement le petit flotteur placé à une extrémité, attaché à la baguette par un fil d'un ou deux mètres de long. Des grands coups de pagaie maintiennent la pirogue près du flotteur jusqu'au moment où le poisson, épuisé, cesse de lutter.

À l'époque propice, ils vivent aussi de la chasse. Parfois ils attrapent une grosse pièce avec un vieux fusil obtenu par on ne sait quelle étrange transaction mais, en général, ils préfèrent la sarbacane silencieuse. Lorsque les bandes de singes traversent le feuillage, une petite pointe enduite de curare blesse l'un d'eux ; celuici, sans pousser de cri, se retire la pointe gênante et continue son chemin sur quelques mètres, jusqu'à ce que le venin fasse effet et le singe s'effondre, vivant, mais incapable d'émettre un son. Pendant tout le temps où passe cette bande bruyante, la sarbacane fonctionne constamment, tandis que le regard vigilant, compagnon du chasseur, note dans le feuillage les endroits où tombent les animaux blessés. Lorsque le dernier singe, étranger à la tragédie, s'éloigne, sans laisser une seule des pièces sur place, les chasseurs rentrent avec leur contribution alimentaire à la communauté.

Pour fêter l'arrivée des visiteurs blancs, ils nous ont offert un des singes attrapés de la façon dont je l'ai raconté. Sur un gril improvisé nous avons préparé l'animal à la mode de nos pampas argentines et nous avons goûté sa chair, dure et amère mais d'un goût champêtre agréable, en enthousiasmant les indigènes par notre façon d'apprêter la nourriture.

Pour répondre au cadeau, nous avons donné deux bouteilles d'un rafraîchissement que nous avions apporté avec nous. Les Indiens ont bu goulûment le contenu et gardé les capsules avec une ferveur religieuse, dans le sac en fibre tressée qu'ils portent autour du cou et où se trouvent leurs trésors les plus précieux : une amulette, les cartouches, un collier de graines, un *sol* péruvien, etc.

Au retour, un peu harcelés par la nuit qui tombait, l'un d'eux nous a guidés à travers des raccourcis qui nous ont permis d'arriver plus tôt au refuge sûr que représentaient les toiles métalliques de la colonie. Nous leur avons dit au revoir en leur serrant la main à la mode européenne, et le guide m'a donné comme cadeau une des fibres qui composaient son pagne, seul vêtement des Yaguas.

On a beaucoup exagéré à propos des dangers et des tragédies de la forêt, mais il y a un point sur lequel nous avons une expérience qui atteste cette vérité. On dit toujours qu'il est dangereux de s'écarter du sentier tracé quand on marche dans la forêt, et c'est vrai. Un jour nous en avons eu la preuve, nous étions relativement près de la base d'opérations que nous avions prise et soudain nous nous sommes regardés déconcertés, car le sentier que nous voulions reprendre semblait s'être dilué. Nous avons soigneusement tourné autour, en le cherchant, mais en vain.

Tandis que l'un de nous restait à un point fixe, l'autre marchait tout droit et revenait guidé par les cris. Nous avons ainsi fait une étoile complète, sans résultat. Heureusement, ils nous avaient mis sur nos gardes en prévoyant la situation où nous nous trouverions et nous avons cherché un arbre particulier, dont les racines forment des cloisons de quelques centimètres d'épaisseur qui dépassent de la terre jusqu'à deux mètres parfois et qui semblent servir d'appui supplémentaire à la plante. Avec un bout de bois de taille moyenne, on a commencé à taper de toutes nos forces sur les cloisons végétales : il s'est alors produit un bruit sourd, pas très fort, mais qui s'entend très loin, beaucoup plus efficace qu'un coup de feu que le feuillage étouffe. Au bout d'un petit moment, un Indien au sourire moqueur est apparu avec son fusil et d'un signe il nous a conduits au chemin, en nous montrant la route avec un geste : sans savoir comment, nous nous étions écartés d'environ cinq cents mètres du sentier.

En général, on a dans l'idée que la forêt est un luxuriant paradis alimentaire ; ce n'est pas vrai. Un habitant connaisseur n'y mourra jamais de faim, mais si un imprudent s'y perd ses problèmes alimentaires sont sérieux. Aucune des espèces de fruits tropicaux que nous connaissons n'y pousse spontanément. Pour une alimentation végétale sylvestre, il faut recourir à certaines racines et à des fruits de palmier que seule une personne expérimentée peut différencier d'autres analogues mais vénéneuses ; il est extrêmement difficile de chasser pour qui n'est pas habitué à voir sur une petite branche cassée la trace d'un cochon sauvage ou d'un cerf, pour qui ne connaît pas les abreuvoirs et ne sait pas glisser à travers l'enchevêtrement végétal sans faire le moindre bruit ; et pêcher, dans un lieu où la densité d'animaux aquatiques est si grande, constitue, néanmoins, un art assez complexe vu qu'il y a une vague possibilité pour que les poissons mordent à l'hameçon et le système pour les harponner n'est pas simple, loin de là. Mais la terre cultivée, quels ananas énormes, quelles papayes, quelles bananes ! Un petit labour se voit récompensé par de francs succès. Et pourtant, on dirait que l'esprit de la forêt a saisi les habitants de cette dernière et les a confondus avec elle. Personne ne travaille si ce n'est pour manger. Comme le singe, qui cherche entre les branches sa nourriture quotidienne sans penser à demain, ou le jaguar qui ne tue que pour satisfaire ses besoins alimentaires, le colon cultive ce qu'il faut pour ne pas mourir de faim.

Les journées ont passé très vite, occupées à des travaux scientifiques, des excursions et des chasses aux alentours. L'heure des adieux est arrivée et, la veille au soir, deux canots bondés de malades atteints de la maladie de Hansen se sont approchés de l'embarcadère de la zone saine de la colonie pour nous témoigner leur affection. Leurs faciès léonins, éclairés par la lumière des torches, offraient un spectacle impressionnant dans la nuit amazonienne. Un chanteur aveugle a entonné des *huaynitos* et des *marineras*, tandis que l'orchestre hétérogène faisait l'impossible pour le suivre. Un des malades a prononcé un discours d'adieu et de remerciements ; de leurs mots simples émanait une émotion profonde qui s'unissait à la majesté de la nuit. Pour ces âmes simples, le seul fait de les approcher, même si ce n'est que par un élan de curiosité, mérite le plus grand des remerciements. Avec la moue affligée par laquelle ils veulent exprimer l'affection qu'ils ne peuvent manifester en nous serrant la main, puisque les lois sanitaires s'opposent catégoriquement au contact d'une peau saine avec une autre malade, se sont achevés la sérénade et les adieux. La musique et l'adieu ont créé un engagement par rapport à eux.

Le petit radeau sur lequel nous allions poursuivre notre route aquatique était bourré de cadeaux comestibles du personnel de la colonie et des malades qui rivalisaient pour nous donner le plus gros ananas, la papaye la plus sucrée, ou le plus gros poulet. Une petite poussée vers le centre du fleuve et nous ne conversions plus qu'avec lui.

« Sur les hanches du fleuve
vient le chant de la forêt,
vient la douleur mitigée
des radeaux qui arrivent.
Et les bateliers tannés
Sur les routes sanguinolentes
De l'escargot des fleuves
Viennent noyer leurs peines. »

Nous avons navigué deux jours en descendant le fleuve et attendu le moment où apparaîtrait Leticia, la ville colombienne où nous voulions arriver, mais il y avait un sérieux inconvénient, il nous était impossible de diriger cet engin. Tant que nous étions au milieu du fleuve, très bien, mais si pour la moindre raison nous envisagions de nous approcher du bord, nous devions mener avec le courant un furieux duel dont il sortait toujours victorieux, et il nous maintenait au milieu jusqu'à ce que, selon son caprice, il nous permette de nous arrimer à une des berges, celle de son choix. C'est ainsi que le soir du troisième jour, on a aperçu les lumières du village ; et c'est ainsi que le radeau a suivi imperturbablement son chemin malgré nos tentatives effrénées. Au moment où il semblait que la victoire allait couronner nos efforts, les troncs faisaient une pirouette et se retrouvaient à nouveau orientés vers le centre du courant. Nous avons lutté jusqu'à ce que les lumières s'éteignent peu à peu en amont et nous étions prêts à nous réfugier dans notre moustiquaire, abandonnant les gardes périodiques que nous faisions, lorsque le dernier poulet, le mets convoité, a pris peur et est tombé à l'eau. Le courant l'entraînait un peu plus vite que nous ; je me suis déshabillé. J'étais prêt à plonger, je n'avais qu'à faire deux brasses, attendre, le radeau me rejoindrait tout seul. Je ne sais pas très bien ce qui s'est passé ; la nuit, le fleuve si énigmatique, le souvenir, subconscient ou non, d'un caïman, enfin, le poulet a poursuivi son chemin tandis que moi, furieux contre moi-même, je me promettais de plonger puis je reculais à nouveau, jusqu'à abandonner l'entreprise. Sincèrement, la nuit du fleuve m'a saisi ; j'ai été lâche face à la nature. Et puis, tous les deux, nous les camarades, nous avons été très hypocrites : nous nous sommes apitoyés sur l'horrible sort du pauvre poulet.

Nous nous sommes réveillés échoués sur la rive, en terre brésilienne, à de nombreuses heures du canot de Leticia où nous avons été transportés grâce à l'amabilité proverbiale des habitants du gigantesque fleuve.

Lorsque nous volions à bord du *Catalina* des forces armées colombiennes, nous regardions au-dessous l'immense forêt. Un gros chou-fleur vert, à peine interrompu par le fil brun d'un fleuve étroit, de cette altitude, s'étendait sur des milliers de kilomètres et des heures de vol. Car ce n'était qu'avec une infime partie du gigantesque continent amazonien que nous avions entretenu une amitié intime durant plusieurs mois et devant la franchise duquel nous nous inclinions respectueusement.

En bas, émergeant du feuillage et flottant sur les eaux, l'esprit de Canaima, le dieu de la forêt, levait sa main en signe d'adieu.

ERNESTO GUEVARA SERNA

Chronique en exclusivité pour *Siete* du Dr Ernesto Guevara Serna

12 décembre 1953

MACHU-PICCHU, ÉNIGME DE PIERRE EN AMÉRIQUE

Couronnant une montagne aux versants agrestes et escarpés, à 2 800 mètres au-dessus du niveau de la mer et 400 au-dessus de l'impétueux Urubamba, qui baigne l'éminence sur trois côtés, on trouve une ville de pierre très ancienne qui, par extension, a reçu le nom du lieu qui l'abrite : Machu-Picchu.

Est-ce sa dénomination primitive ? Non, ce terme quechua signifie « Vieille Montagne », par opposition à l'aiguille rocheuse qui s'élève à quelques mètres du village, Husina Picchu, « Jeune Montagne » ; des descriptions physiques se référant aux qualités des accidents géographiques, tout simplement. Quel est donc son véritable nom ? Ouvrons une parenthèse et transportons-nous dans le passé.

Le XVIe siècle de notre ère a été bien triste pour la race aborigène d'Amérique. L'envahisseur barbu a déferlé comme une forte crue, dans tous les domaines, sur le continent et les grands empires indigènes ont été réduits en cendres. Au centre de l'Amérique du Sud, les luttes intestines entre les deux prétendants à l'héritage du sceptre du défunt Huaina-Capac, Atahualpa et Huascar, ont rendu plus facile la tâche de destruction de l'empire le plus important du continent.

Pour que la masse humaine qui encerclait dangereusement Cuzco reste calme, un des neveux de Huascar, le jeune Manco II, a été intronisé. Cette manœuvre a eu une suite inespérée : les peuples indigènes se sont retrouvés avec une tête visible, couronnée selon toutes les formalités de la loi incasique, possibles sous le joug espagnol, et un monarque pas si facilement manipulable que l'auraient voulu les Espagnols. Un soir, il a disparu avec ses principaux chefs, en emportant le grand disque d'or, symbole du soleil, et, depuis ce jour, la paix a quitté la vieille capitale de l'empire.

Les communications n'étaient pas sûres, des bandes armées parcouraient le territoire et ont même assiégé la ville en utilisant comme base d'opérations la vieille et imposante Sacsahuaman, la forteresse qui protégeait Cuzco, aujourd'hui détruite. C'était en l'an 1536.

Cette révolte à grande échelle échoua, le siège de Cuzco dut être levé et une autre bataille importante à Ollantaitambo, ville fortifiée sur les rives de l'Urubamba, fut perdue par les troupes du monarque indigène. Cela se réduisit finalement à une guerre de guérilla qui gêna considérablement le pouvoir espagnol. Un jour de beuverie, un soldat conquérant, déserteur, accueilli avec six de ses compagnons au sein de la cour indigène, assassina le souverain, et eut en retour, avec ses infortunés complices, une mort horrible des mains des sujets indignés qui exposèrent les têtes tranchées sur les pointes des lances comme châtiment et défi. Les trois fils du souverain, Sairy Túpac, Tito Cusi et Túpac Amaru, ont régné l'un après l'autre et sont morts sur le trône. Mais avec le troisième, c'est un peu plus qu'un monarque qui est mort : on a assisté à l'effondrement définitif de l'empire inca.

L'efficace et inflexible vice-roi Francisco Toledo fit prisonnier le dernier souverain et le fit exécuter sur la place d'armes de Cuzco, en 1572. L'Inca, dont la vie de confinement dans le temple des Vierges du Soleil, après une brève parenthèse de règne, s'achevait si tragiquement, dédia à son peuple, à sa dernière heure, une allocution virile qui le rachète de faiblesses passées et permet que son nom soit pris par le précurseur de l'indépendance américaine, José Gabriel Condorcanqui : Túpac Amaru II.

Le danger avait cessé pour les représentants de la couronne espagnole et personne n'a eu l'idée de chercher la base d'opérations, la ville si bien gardée de Vilcapampa, que son dernier souverain a abandonnée avant d'être fait prisonnier, ouvrant alors une parenthèse de trois siècles durant lesquels le silence le plus absolu règne autour de la bourgade.

Le Pérou était encore une terre vierge de plantes européennes dans de nombreuses parties de son territoire lorsqu'un homme de science italien, Antonio Raimondi, a consacré dix-neuf années de sa vie, dans la seconde moitié du siècle dernier, à le parcourir dans toutes les directions. S'il est vrai que Raimondi n'était pas un archéologue professionnel, sa profonde érudition et ses compétences scientifiques ont donné un énorme élan à l'étude du passé incasique. Des générations d'étudiants péruviens ont tourné leurs regards vers le cœur d'une patrie qu'ils ne connaissaient pas, guidés par son œuvre monumentale *El Perú*, et des hommes de science du monde entier ont senti se raviver leur enthousiasme pour la recherche du passé d'une race autrefois grandiose.

Au début de ce siècle, un historien nord-américain, le professeur Bingham, arrivé jusque sur les terres péruviennes pour étudier sur le terrain des itinéraires suivis par Bolívar, a été subjugué par la beauté extraordinaire des régions visitées et tenté par l'intéressant problème de la culture incasique. Le professeur Bingham, donnant satisfaction à l'historien et à l'aventurier qui cohabitaient en lui, s'est mis à chercher la ville perdue, base d'opérations des quatre monarques insurgés.

Bingham savait, par les chroniques du père Calancha et par d'autres, que les Incas avaient eu une capitale militaire et politique qu'ils avaient appelée Vitcos, et un sanctuaire plus éloigné, Vilcapampa, la ville qu'aucun Blanc n'avait foulée et, avec ces données, il commença ses recherches.

L'ampleur de la tâche entreprise n'échappera pas à qui connaît la région, même superficiellement. Bingham a pénétré dans des zones montagneuses, couvertes d'inextricables forêts subtropicales, sillonnées de rivières qui sont de très dangereux torrents, en ignorant la langue et même la psychologie des habitants, à l'aide de trois armes puissantes : une incommensurable soif d'aventures, une profonde intuition et une bonne poignée de dollars.

Patiemment, en achetant chaque secret ou information à prix d'or, il a peu à peu pénétré au sein de cette civilisation éteinte et un jour, en 1911, après des années de travail ardu, en suivant de façon routinière un Indien qui vendait un nouveau conglomérat de pierres, Bingham, lui seul, sans la compagnie d'aucun homme blanc, s'est extasié devant les ruines imposantes qui, entourées de broussailles, presque recouvertes par elles, lui souhaitaient la bienvenue.

Ici, il y a un épisode triste. Toutes les ruines ont été dégagées des broussailles, parfaitement étudiées et décrites et... totalement dépouillées de tous les objets tombant aux mains des chercheurs, qui ont triomphalement remporté dans leur pays plus de deux cents caisses contenant d'inappréciables trésors archéologiques et aussi, pourquoi ne pas le dire, une importante valeur monétaire. Bingham n'en est pas coupable ; objectivement parlant, les Nord-Américains en général n'en sont pas coupables non plus ; un gouvernement dans l'impossibilité matérielle d'organiser une expédition du niveau de celle qu'a dirigée le découvreur de Machu-Picchu n'en est pas coupable non plus. Il n'y a donc pas de coupables ? Acceptons-le, mais où peut-on admirer ou étudier les trésors de la ville indigène ? La réponse est claire : dans les musées nord-américains.

Machu-Picchu n'a pas été pour Bingham une découverte quelconque, elle a signifié le triomphe, le couronnement de ses rêves limpides de grand enfant – que sont presque tous les amateurs de ce type de science. Un long parcours jalonné de triomphes et d'échecs y était couronné et la ville en pierre grise portait ses rêves et ses veilles, le poussant à des comparaisons et à des conjectures parfois éloignées des démonstrations expérimentales. Ces années de recherche et celles suivant sa découverte ont converti l'historien voyageur en un archéologue érudit et nombre de ses affirmations sont parvenues avec une incroyable force dans les milieux scientifiques, étayées par la formidable expérience qu'il avait accumulée lors de ses voyages.

Selon Bingham, Machu-Picchu a été la demeure primitive de la race quechua et son centre d'expansion, avant la fondation de Cuzco. Il se plonge dans la mythologie incasique et identifie les trois fenêtres d'un temple en ruine comme celles d'où sont partis les frères Ayllus, personnages mythiques ; il trouve des similitudes probantes entre un donjon circulaire de la ville découverte et le temple du Soleil de Cuzco ; il identifie les squelettes, presque tous féminins, trouvés dans les ruines, comme ceux des Vierges du Soleil ; enfin, en analysant consciencieusement toutes les possibilités, il aboutit à la conclusion suivante : la ville découverte s'est appelée, il y a plus de trois siècles, Vilcapampa, sanctuaire des monarques insurgés, et, auparavant, elle a été le refuge des troupes vaincues de l'Inca Pachacuti, dont le cadavre a été gardé dans la ville, après leur défaite par les troupes chinchas, jusqu'à la renaissance de l'Empire. Mais le refuge des guerriers vaincus, dans les deux cas, vaut parce qu'il s'agit de Tampu-Toco, le noyau initial, l'enceinte sacrée, dont l'emplacement serait celui-ci et non Pacaru Tampu, près de Cuzco, comme l'avaient dit à l'historien Sarmiento de Gamboa les notables indiens qu'il avait interrogés sur ordre du vice-roi Toledo.

Les chercheurs modernes ne sont pas du tout d'accord avec l'archéologue nord-américain, mais ils ne se prononcent pas sur la signification définitive de Machu-Picchu.

Après plusieurs heures de train, un train asthmatique, presque un jouet, qui longe au début un petit torrent pour suivre après les rives de l'Urubamba en passant par des Ruines de l'importance d'Ollantaitambo, on arrive au pont qui traverse la rivière. Un chemin escarpé, qui sur huit kilomètres s'élève à quatre cents mètres au-dessus du niveau du torrent, nous mène à l'hôtel des Ruines, tenu par monsieur Soto, un homme d'une érudition extraordinaire sur les questions incasiques et un bon chanteur qui contribue, dans les délicieuses nuits des tropiques, à augmenter le charme suggestif de la ville en ruines.

Machu-Picchu a été construite au sommet de la montagne, et couvre une étendue de deux kilomètres de périmètre. En général, on la divise en trois parties : celle des temples, celle des résidences principales, celle des gens ordinaires.

Dans la partie consacrée au culte, on trouve les ruines d'un magnifique temple composé de grands blocs de granit blanc, c'est celui qui a les trois fenêtres ayant servi à l'hypothèse mythologique de Bingham. Couronnant une série d'édifices d'une grande qualité d'exécution, se dresse l'Intiwatana, le lieu où l'on attache le soleil, un doigt de pierre d'environ soixante centimètres de hauteur, base du rite indigène et un des rares restés sur pied, puisque les Espagnols prenaient soin de détruire ce symbole chaque fois qu'ils conquéraient une forteresse inca.

Les édifices de la noblesse ont des éléments d'une extraordinaire valeur artistique, comme le donjon circulaire déjà cité, la série de ponts et canaux taillés dans la pierre et de nombreuses résidences remarquables par leur exécution et la taille des pierres qui les composent.

Dans les demeures théoriquement destinées au peuple, on note une grande différence due au manque de soin dans le polissage des pierres. Elles sont séparées de la zone religieuse par une petite place ou lieu plan, où se trouvent les principaux réservoirs d'eau, désormais secs, ce qui est une des raisons, supposées majeures, de l'abandon du lieu en tant que résidence permanente.

Machu-Picchu est une ville de perrons ; presque toutes les constructions se trouvent à des niveaux différents, elles sont unies les unes aux autres par des escaliers, certains de pierre merveilleusement taillée, d'autres de pierres alignées sans grand soin esthétique, mais tous capables de résister aux rigueurs du climat, comme la ville dans son ensemble, qui n'a perdu que ses toits de paille et de troncs, trop fragiles pour lutter contre les éléments.

Les besoins alimentaires pouvaient être satisfaits par les légumes récoltés grâce à la culture en terrasses qui sont encore en parfait état de conservation.

La défense de la ville était très facile étant donné que deux de ses côtés sont formés de versants presque à pic, le troisième est une gorge étroite uniquement franchissable par des sentiers facilement défendables, tandis que le quatrième donne sur le Huainca-Picchu. C'est un pic qui dépasse d'environ deux cents mètres son frère, difficile à escalader, presque impossible pour un touriste, si ce n'étaient les restes de la chaussée incasique qui permettent d'atteindre son sommet en longeant des précipices taillés à pic. L'endroit semble être davantage un point d'observation qu'autre chose, car il n'y a pas de grandes constructions. L'Urubamba fait pratiquement le tour des deux montagnes, rendant presque impossible leur prise par une force attaquante.

Nous avons déjà dit que la signification archéologique de Machu-Picchu fait l'objet d'une controverse, mais, peu importe l'origine primitive de la ville, de toute façon, il est préférable de laisser la discussion aux spécialistes. Ce qui est sûr, ce qui est important, c'est que nous nous trouvons ici face à une pure expression de la civilisation indigène la plus puissante d'Amérique, non souillée par le contact des troupes victorieuses et pleine d'immenses trésors d'évocation sur ses murs morts ou dans le paysage fabuleux qui l'entoure et lui donne le cadre nécessaire à l'extase du rêveur qui erre parmi ses ruines, ou du touriste yankee qui, débordant de sens pratique, enferme les représentants de la tribu dégénérée, qu'il peut voir pendant son voyage, entre les murs autrefois vivants, et ignore la distance morale qui les sépare, car ce sont là des subtilités que seul l'esprit à moitié indigène d'un Latino-Américain peut apprécier.

Contentons-nous, pour l'instant, de donner à la ville deux significations possibles : pour le combattant qui poursuit ce qui aujourd'hui s'appelle une chimère, celle d'un bras tendu vers l'avenir dont la voix de pierre crie à tout le continent : « Citoyens d'Indo-Amérique, partez à la reconquête de votre passé » ; pour d'autres, ceux qui simplement « fuient le tumulte du monde », s'applique une phrase notée sur le registre des visiteurs de l'hôtel et qu'un sujet anglais a inscrite avec toute l'amertume de sa nostalgie impériale : « *I am lucky to find a place without a Coca-cola propaganda.* »

Lettre à sa mère

Maman, ma chère Maman [1],

Ne pense pas que l'en-tête c'est pour faire plaisir à Papa, il y a des indices d'amélioration et les perspectives ne sont pas si désespérées sur le plan économique. La tragédie monétaire, je la raconte parce que c'est vrai et que je supposais que Papa me considérait suffisamment « choma » [2] pour supporter n'importe quelle aventure, mais si vous préférez les contes de fées, j'en fais de très jolis. Dans ces jours de silence, ma vie s'est déroulée ainsi : je suis parti avec un sac à dos et une serviette, moitié à pied, moitié en stop, moitié (quelle honte) en payant grâce aux dix dollars reçus du gouvernement. Je suis arrivé au Salvador et la police m'a confisqué quelques livres que j'apportais du Guatemala mais j'ai réussi à passer, j'ai obtenu le visa pour entrer à

1. Cette lettre pourrait dater de la fin avril 1954.
2. Macho en verlan.

nouveau dans ce pays, et un visa correct, et je suis parti à la découverte de ruines des Pipiles, une race des Tlaxcaltèques, qui se sont lancés à la conquête du Sud (leur centre était au Mexique) et y sont restés jusqu'à l'arrivée des Espagnols. Elles n'ont rien à voir avec les constructions mayas et encore moins avec les incasiques. Ensuite je suis allé passer quelques jours à la plage en attendant la résolution du problème du visa que j'avais demandé pour visiter des ruines honduriennes qui, elles, sont magnifiques. J'ai dormi dans le sac de couchage que j'ai, au bord de la mer, et ici même si mon régime n'a pas été des plus stricts, cette vie saine m'a maintenu en pleine forme, mis à part les coups de soleil. Je suis devenu l'ami de quelques garçons qui comme dans toute l'Amérique centrale marchent à l'alcool, et profitant de la déshinibition de l'alcool je leur ai envoyé ma petite propagande guatémaltèque et j'ai récité quelques vers d'une profonde couleur rouge. Résultat : nous nous sommes tous retrouvés au commissariat, mais on nous a relâchés de suite, après qu'un commandant à l'air sérieux nous eut conseillé de chanter les roses de l'après-midi et d'autres beautés. Moi, j'ai préféré faire un sonnet à la poudre d'escampette. Les Honduriens m'ont refusé le visa juste parce que j'avais un permis de séjour au Guatemala, alors que, inutile de te dire, j'avais la ferme intention d'y observer une grève qui a été déclenchée et qui mobilise vingt-cinq pour cent du total des travailleurs, un chiffre élevé quel que soit l'endroit mais tout à fait extraordinaire dans un pays où il n'y a pas le droit de grève et où les syndicats sont clandestins. La Compagnie fruitière braille et, évidemment, Dulles et Cie veulent intervenir au Guatemala pour le terrible délit d'acheter des armes où on leur en vendra, puisque les États-Unis ne vendent pas la moindre cartouche depuis longtemps. [...]

Évidemment, je n'ai même pas envisagé la possibilité de rester ici. Au retour, je me suis lancé sur des routes à moitié abandonnées avec un portefeuille au bout du rouleau, car ici un dollar vaut un peu plus d'un *peso* et avec vingt on ne fait pas de merveilles. Un jour j'ai marché près de cinquante kilomètres (ça n'est pas tout à fait vrai, mais c'était long) et après de nombreux jours je suis arrivé à l'hôpital de la Compagnie fruitière où il y a des ruines, petites mais très belles. Ici j'ai été totalement convaincu de ce dont mon américanisme ne voulait pas se laisser convaincre : nos grands-parents sont asiatiques (raconte à Papa qu'on va bientôt exiger son autorité parentale). Il y a des figures en bas-relief qui représentent Bouddha en personne et sont, toutes les caractéristiques le prouvent, parfaitement identiques à celles des anciennes civilisations hindous. L'endroit est magnifique, à tel point que j'ai commis contre mon estomac le crime de Sylvestre Bonnard et j'ai dépensé un dollar et quelques pour m'acheter des pellicules et louer un appareil. Ensuite j'ai mendié ma bouffe à l'hôpital, mais je n'ai pu me remplir la panse qu'à moitié. Je me suis retrouvé sans un sou pour pouvoir retourner en train au Guatemala, si bien que je me suis tiré à Puerto Barrios et, là, j'ai bossé au déchargement de tonneaux de goudron, gagnant 2,63 pour douze heures de boulot dur comme tout, dans un endroit où il y a des moustiques attaquant en piqué en quantités impressionnantes. Mes mains en ont pris un coup et mon dos encore pire, mais je t'avoue que j'étais assez content. Je travaillais de six heures du soir à six heures du matin et je dormais dans une maison abandonnée au bord de la mer. Après je me suis tiré au Guatemala où j'ai maintenant de meilleures perspectives. [...]

...(la rédaction n'est pas une négligence voulue, mais la conséquence de la présence de quatre Cubains qui discutent à mes côtés). [...]

La prochaine fois, plus tranquille, je t'envoie des nouvelles s'il y en a... je vous embrasse tous.

Lettre à sa mère

Avril 1954

Maman,

Comme tu vois je ne suis pas parti dans le Petén. Le fils de pute qui devait m'embaucher m'a fait attendre un mois, pour me dire ensuite qu'il ne le pouvait pas [...].

Je lui avais déjà présenté une liste de médicaments, d'instruments et tout le reste et j'étais devenu un as dans le diagnostic des maladies tropicales les plus courantes dans la zone. Bien sûr que ça me servira toujours, surtout que maintenant j'ai l'occasion de travailler dans la Compagnie fruitière dans une zone bananière.

Ce que je ne veux pas manquer de faire, c'est de visiter les ruines du Petén. Il y a là une ville, Tical, qui est une merveille, et une autre, Piedras Negras, beaucoup moins importante mais où l'art des Mayas a atteint un niveau extraordinaire. Dans le musée il y a un linteau qui est tout abîmé, mais qui serait une véritable œuvre d'art dans n'importe quel endroit du monde.

Il a manqué à mes vieux amis péruviens une sensibilité tropicale, si bien qu'ils n'ont rien pu faire de semblable, sans compter qu'ils ne disposaient pas d'une pierre calcaire aussi facile à travailler que celle dont on dispose dans cette zone. [...]

Je suis de plus en plus content d'être parti. Ma culture médicale ne prend pas de proportions gigantesques, mais je suis en train d'assimiler d'autres connaissances beaucoup plus intéressantes. [...]

J'ai, ça oui, envie de vous rendre visite, mais je ne sais ni quand ni comment. Parler de plans dans ma situation reviendrait à vous raconter un rêve bâclé ; de toute façon, si – condition expresse –, j'obtiens le poste dans la Compagnie fruitière, je pense me consacrer à rembourser les dettes que j'ai ici, celles que j'ai laissées là-bas, m'acheter un appareil photo, visiter le Petén et décaniller sereinement vers le nord, c'est-à-dire le Mexique. [...]

Je me réjouis que tu aies une si haute opinion de moi. De toute manière, il est très peu probable que l'anthropologie devienne mon occupation exclusive à l'âge mûr. Il me paraît un peu paradoxal de choisir comme axe de ma vie de faire des recherches sur ce qui est irrémédiablement mort. Je suis sûr de deux choses : la première, c'est que, si j'arrive à l'étape authentiquement créative autour des trente-cinq ans, mon occupation exclusive, ou principale pour le moins, sera la physique nucléaire, la génétique ou une matière du genre, réunissant ce qu'il y a de plus intéressant dans les matières connues ; la seconde, c'est que l'Amérique sera le théâtre de mes aventures, avec un caractère beaucoup plus important que ce que j'aurais cru ; réellement je crois être parvenu à la comprendre et je me sens américain avec un caractère distinctif par rapport à tout autre peuple de la terre. Évidemment que je visiterai le reste du monde [...].

De ma vie quotidienne, je ne peux pas te raconter grand-chose d'intéressant. Le matin, je vais au service de Santé et je travaille quelques heures dans le laboratoire ; l'après-midi, je vais dans une bibliothèque ou un musée étudier quelque chose d'ici ; le soir, je lis un peu en médecine ou toute autre chose, j'écris une lettre ou deux, enfin, des tâches domestiques. Je prends du maté quand il y en a et j'ai d'interminables discussions avec la camarade Hilda Gadea, une jeune femme de l'Apra, que j'essaie de convaincre, avec la douceur qui me caractérise, de laisser tomber ce parti de merde. Elle a un cœur en or au moins. Son aide se fait sentir dans tous les actes de ma vie quotidienne (à commencer par la pension).

Lettre à sa mère

10 mai 1954

Maman,

[...]

Outre le fait que j'envisage l'avenir avec un goût de viande grillée, le dossier de ma résidence avance, même si c'est avec toute l'indolence propre à ces terres, et je suppose que dans un mois je pourrai aller au ciné sans être remorqué par un voisin généreux. J'ai promis quelque chose que je crois avoir déjà raconté à Papa, quoique je lui aie aussi raconté mes projets très à la légère. Le 15 j'ai décidé de quitter cette pension et de me tirer à l'air libre avec un sac de couchage hérité d'un compatriote qui passait par là. De cette manière, je pourrai connaître tous les endroits que je veux, sauf le Petén où l'on ne peut pas aller comme ça parce que c'est la saison des pluies ; et je pourrai escalader un volcan, car il y a longtemps que j'ai envie de voir les amygdales de la terre mère (quelle jolie figure). Cette terre est celle des volcans, et il y en a pour tous les goûts, mes goûts sont simples, ni très élevés ni très actifs. Au Guatemala je pourrais devenir très riche, mais avec la procédure de validation de mes diplômes qui traîne, ouvrir une clinique et me consacrer à l'allergie (ici c'est plein de collègues du poumon). Faire ça serait la plus horrible trahison aux deux « moi » qui se battent en mon for intérieur, le socialo et le voyageur. [...]

Baisers chaleureux et mouillés parce qu'ici il pleut toute la journée (tant qu'il reste du maté, c'est très romantique).

Lettre à sa mère

20 juin 1954

Chère Maman,

Cette lettre te parviendra un peu après ton anniversaire, que tu passeras peut-être un peu soucieuse à mon égard. Je te dirai que si, pour l'instant, il n'y a rien à craindre, on ne peut pas en dire de même pour l'avenir, même si personnellement j'ai la sensation d'être inviolable (inviolable n'est pas le mot, mais le subconscient m'a peut-être joué un mauvais tour). La situation, en gros, est la suivante : il y a cinq ou six jours, un avion pirate provenant du Honduras a survolé pour la première fois le Guatemala, mais sans rien faire.

Le lendemain et les jours suivants, ils ont bombardé diverses installations militaires du territoire et il y a deux jours un avion a mitraillé les bas quartiers de la ville, tuant une fillette de deux ans. L'incident a servi à réunir tous les Guatémaltèques autour de leur gouvernement et tous ceux qui, comme moi, sont venus, attirés par le Guatemala. Simultanément, des troupes mercenaires, dirigées par un ex-colonel de l'armée destitué pour trahison depuis longtemps, sont parties de Tegucigalpa, la capitale du Honduras, d'où elles ont été transportées jusqu'à la frontière et ont déjà bien pénétré en territoire guatémaltèque. Le gouvernement, procédant avec une grande prudence pour éviter que les États-Unis ne déclarent le Guatemala agresseur, s'est contenté de protester auprès de Tegucigalpa et d'envoyer la totalité des faits au Conseil de sécurité des Nations-Unies, laissant pénétrer suffisamment les forces attaquantes pour ne pas donner lieu aux prétendus incidents frontaliers. Le colonel Arbenz est un type qui a du cran, sans aucun doute, et il est prêt à mourir à son poste si besoin est. Son dernier discours n'a fait que réaffirmer ce que nous savions tous, et tranquilliser. Le danger ne réside pas dans le nombre des troupes qui ont actuellement pénétré le territoire car il est infime, ni dans les avions qui ne font que bombarder des maisons de civils et en mitrailler quelques-uns ; le danger réside dans la façon dont les *gringos* (pour nous les yankees) vont manipuler leurs protégés des Nations-Unies, car une déclaration, même très vague, aiderait beaucoup les attaquants. Les yankees ont définitivement abandonné le masque de gentils que leur avait mis Roosevelt et ils abusent de leur pouvoir dans ces contrées. Si les choses arrivent à l'extrême, et qu'il faut combattre contre les avions et les troupes modernes qu'enverra la compagnie fruitière ou les États-Unis, on combattra. L'esprit du peuple est très bon et des attaques si honteuses ajoutées aux mensonges de la presse internationale ont uni tous les indifférents au gouvernement, et il y a un véritable climat de lutte armée. Je suis déjà inscrit pour participer au secours médical d'urgence et je me suis inscrit dans les brigades de jeunes pour recevoir une instruction militaire et aller là où l'on m'enverra. Je ne crois pas que l'eau ira à la rivière, mais on le verra après la réunion du Conseil de sécurité qui aura lieu demain, je crois. De toute façon, lorsque cette lettre arrivera, vous saurez à quoi vous en tenir sur ce point.

Pour le reste il n'y a pas de grandes nouveautés. Comme ces jours-ci l'ambassade argentine n'a pas travaillé, je n'ai pas eu de nouvelles fraîches depuis la lettre de Beatriz et une autre de toi la semaine dernière.

Le poste au service de Santé, ils disent qu'ils vont me le donner d'un moment à l'autre, mais comme les bureaux ont été très occupés avec tous ces problèmes, il m'a semblé un peu déplacé d'aller les enquiquiner avec mon petit poste, alors qu'ils traitent des choses beaucoup plus importantes.

Bon, Maman, j'espère que ton anniversaire a été le plus heureux possible après cette année agitée, dès que je peux j'envoie des nouvelles.

Au revoir

Lettre à sa mère

4 juillet 1954

Maman,

Tout s'est déroulé comme un beau rêve que l'on ne s'engage pas tout de suite à continuer éveillé. La réalité frappe à de nombreuses portes et les salves qui récompensent l'adhésion la plus enflammée à l'ancien régime, résonnent déjà. La trahison reste l'apanage de l'armée, et une fois de plus se confirme l'aphorisme qui présente la liquidation de l'armée comme le véritable principe de la démocratie (si cet aphorisme n'existe pas, je le crée) [...].

La vérité vraie, c'est qu'Arbenz n'a pas su être à la hauteur de la situation.

Voilà comment tout s'est produit :

Après avoir pris l'initiative de l'agression depuis le Honduras, et sans déclaration de guerre préalable ni rien de ce genre (en protestant toujours contre de présumées violations de frontières), les avions sont venus bombarder la ville. Nous étions complètement sans défense, car on n'avait ni avions, ni artillerie antiaérienne, ni abris. Il y a eu quelques morts, peu. La panique, cependant, s'est emparée du peuple et surtout de « la courageuse et loyale armée du Guatemala » ; une mission militaire nord-américaine a rencontré le président et l'a menacé de bombarder comme il faut le Guatemala, de le réduire en cendres, forte de la déclaration de guerre du Honduras et du Nicaragua que les États-Unis feraient leur, vu l'existence de pactes d'aide mutuelle. Les militaires en ont chié dans leur froc et ils ont adressé un ultimatum à Arbenz.

Ce dernier n'a pas pensé que la ville était pleine de réactionnaires et que les maisons qui avaient été détruites étaient les leurs et non celles du peuple, qui n'a rien et qui, lui, défendait le gouvernement. Il n'a pas pensé qu'un peuple en armes est un pouvoir invincible malgré l'exemple de la Corée et de l'Indochine. Il aurait pu donner des armes au peuple, mais il ne l'a pas voulu, et voilà le résultat.

Moi, j'avais enfin mon petit poste, mais je l'ai immédiatement perdu, si bien que je suis revenu au point de départ, mais sans dettes, car j'ai décidé de les rembourser pour cas de force majeure. Je vis confortablement grâce à un bon ami qui m'a renvoyé l'ascenseur et je n'ai besoin de rien. De ma vie future je ne sais rien, sauf qu'il est probable que j'aille au Mexique. Avec quelque honte, je t'avoue que je me suis amusé comme un fou durant ces journées. Cette sensation magique d'invulnérabilité, dont je t'ai parlé dans une autre lettre, me faisait me pourlécher de plaisir lorsque je voyais les gens courir en tous sens dès qu'arrivaient les avions, ou, dans la nuit, quand, lors des pannes d'électricité, la ville se remplissait de coups de feu. Au passage je te dirai que les bombardiers légers font leur effet. J'en ai vu un se lancer sur une cible relativement proche de l'endroit où j'étais, et on voyait l'appareil s'agrandir par moments, tandis que des languettes de feu lui sortaient des ailes par intermittence et que résonnait le bruit de sa mitraille et des mitrailleuses légères qui lui tiraient dessus. Soudain il est resté un moment en suspens dans l'air, horizontal, et tout de suite après il a piqué très rapidement et on a senti le contrecoup de la bombe sur la terre. Maintenant tout est terminé et on n'entend que les feux d'artifice des réactionnaires qui sortent de terre comme des fourmis pour fêter la victoire et tenter de lyncher les communistes, comme ils appellent tous ceux du gouvernement précédent. Les ambassades sont pleines à craquer, et la nôtre et celle du Mexique sont les pires. On fait beaucoup de sport avec tout ça, mais il est évident que les quelques gros on va les tromper.

Si tu veux avoir une idée de l'orientation de ce gouvernement, je te donnerai un certain nombre d'éléments : un des premiers villages qu'ont pris les envahisseurs était une propriété de la Compagnie fruitière où les employés étaient en grève. En arrivant, ils ont immédiatement déclaré la grève terminée, ils ont emmené les leaders au cimetière et les ont tués en leur lançant des grenades sur la poitrine. Une nuit, un feu de Bengale est sorti de la cathédrale alors que la ville était dans le noir et l'avion en vol. La première action de grâce, c'est l'évêque qui l'a faite ; la seconde, c'est Foster Dulles, l'avocat de la Compagnie fruitière. Aujourd'hui, 4 juillet, il y a une messe solennelle avec tout l'apparat scénique, et tous les journaux félicitent en des termes extravagants le gouvernement des États-Unis pour sa fête nationale.

Maman, je verrai comment t'envoyer ces lettres, parce que si je les envoie par courrier ça me porte sur les nerfs (le président a dit – crois-le si tu veux – que c'était un pays aux nerfs solides). Je vous embrasse tous bien fort.

Lettre à sa tante Beatriz

22 juillet 1954

Chère Beatriz,

[...]

Ici tout a été très amusant, les tirs, les bombardements, les discours et autres nuances qui ont rompu la monotonie dans laquelle je vivais [...].

Je partirai dans quelques jours, je ne sais combien, pour le Mexique, où je pense faire fortune en vendant des petites baleines pour le cou [...].

De toute façon je serai attentif pour participer à la prochaine affaire qui éclatera, car, pour ce qui est d'éclater, c'est sûr qu'elle éclatera, vu que les yankees ne peuvent se passer de défendre la démocratie quelque part [...].

Grosses bises de ton neveu aventurier.

Lettre à sa mère

7 août 1954

Chère Maman [1],

[...]

Sur ma vie au Guatemala il n'y a rien à raconter, car son rythme est celui de n'importe quelle colonie dictatoriale des yankees. Ici j'ai réglé mes affaires et je file au Mexique [...].

Lettre à ses parents

Août 1954

Chers Parents,

[...]

Je me suis réfugié à l'ambassade d'Argentine, où l'on m'a très bien traité, mais je ne figurais pas sur la liste officielle des réfugiés ; la tourmente est maintenant pas-

1. Cette lettre et la suivante n'en font qu'une dans l'original.

sée et je pense poursuivre mon voyage vers le Mexique dans quelques jours, mais, jusqu'à nouvel ordre, écrivez ici [...].

Je trouve que tu m'as envoyé trop de vêtements et que vous avez trop dépensé pour moi, c'est peut-être ridicule, mais je crois que je ne le mérite pas (ce qui est sûr, c'est qu'il n'y a pas non plus d'indices pour que je change avant longtemps) ; tous les vêtements ne me serviront pas, car ma dernière devise est peu de bagages, des jambes solides et un estomac de fakir. Saluez cordialement de ma part la bande du Guatemala, et je vous recommande de traiter le mieux possible le groupe de jeunes qui va débarquer chez vous.

Quand tout ça se sera calmé et que les choses prendront un autre cours, je vous écrirai de façon plus précise. À vous tous, avec les bises de l'aîné, je vous demande d'excuser les craintes et de m'oublier, ce qui vient est toujours tombé du ciel, en Amérique personne ne meurt de faim et j'imagine qu'en Europe non plus.

Au revoir, Ernesto.

Lettre à son amie Tita Infante

Guatemala, août 1954

Chère Tita,

Je ne sais pas quand vous recevrez cette lettre ni même si vous la recevrez, car tout dépend de la destination définitive de son porteur. C'est pourquoi je ne vous fais aucun commentaire sur la façon dont se sont déroulées les choses, mon seul objet étant de vous présenter le porteur [...], un étudiant en médecine qui a choisi l'Argentine pour patrie tant que durera son exil du Guatemala. Le porteur a appartenu à l'un des partis bourgeois qui a loyalement collaboré avec Arbenz jusqu'à sa chute et s'est préoccupé du sort des Argentins semi-exilés, c'est-à-dire nous, qui nous trouvions sur ces terres. C'est pour ça que j'aimerais que vous aidiez de vos conseils et en tout ce dont il aura besoin, cet ami [...], qui sera évidemment désorienté, comme quiconque partant pour la première fois courir le lièvre dans les pampas.

De moi je ne vous raconte rien, car il m'est facile de vous écrire avant que cette présentation n'arrive entre vos mains. Côté doutes, je vous dirai que je poursuis mon exil volontaire vers le Mexique, d'où j'essaierai de faire le grand saut en Europe et, si possible, en Chine.

En attendant qu'il se matérialise dans quelque endroit du monde, recevez toujours le baiser affectueux et épistolaire de votre ami.

ERNESTO

Le Dilemme du Guatemala

[fin 1954]

Par Ernesto Guevara de La Serna

Quiconque a parcouru ces terres d'Amérique a entendu les paroles dédaigneuses que quelques personnes lançaient à propos de certains régimes de nette inspiration démocratique. Cela date de l'époque de la République espagnole et de sa chute. D'elle, on a dit qu'elle avait été formée par un tas de fainéants qui ne savaient que danser la *jota*, et que Franco avait mis de l'ordre et banni le communisme d'Espagne. Ensuite, le temps a poli les opinions et uniformisé les critères et la phrase toute faite avec laquelle on lapidait une démocratie défunte était plus ou moins : « Il n'y avait pas de liberté, il y avait du libertinage. » Ainsi définissait-on les gouvernements qui au Pérou, au Venezuela et à Cuba avaient offert à l'Amérique le rêve d'une ère nouvelle. Le prix que les groupes démocratiques de ces pays ont dû payer pour l'apprentissage des techniques de l'oppression a été élevé. Une quantité de victimes innocentes a été immolée pour maintenir un ordre des choses nécessaire aux intérêts de la bourgeoisie féodale et des capitaux étrangers, et les patriotes savent désormais que la victoire sera conquise à feu et à sang et qu'il ne peut pas y avoir de pardon pour les traîtres ; que l'extermination totale des groupes réactionnaires est la seule chose qui puisse assurer l'empire de la justice en Amérique.

Lorsque j'ai à nouveau entendu le mot « libertinage » utilisé pour qualifier le Guatemala, j'ai eu peur pour cette petite république. Est-ce que la résurrection du rêve des Latino-Américains, incarné dans ce pays et en Bolivie, serait condamnée à suivre le chemin des ses prédécesseurs ? Voilà le dilemme.

Quatre partis révolutionnaires forment la base sur laquelle s'appuie le gouvernement, et tous, sauf le PGT, sont divisés en deux fractions antagoniques, ou plus, qui se disputent entre elles avec plus d'acharnement que contre les traditionnels ennemis féodaux, oubliant dans ces querelles intestines le destin des Guatémaltèques. Pendant ce temps-là, la réaction tend ses filets. Le Département d'État des États-Unis ou la United Fruit Company, car on ne peut jamais savoir qui est l'un et qui est l'autre dans ce pays du Nord – en franche alliance avec les propriétaires terriens et la bourgeoisie timorée et bigote – font des plans de toute sorte pour réduire au silence l'orgueilleux adversaire qui a surgi comme une graine au sein des Caraïbes. Tandis que Caracas attend les rapports qui ouvriront la voie à des intromissions plus ou moins éhontées, les petits généraux destitués et les craintifs planteurs de café cherchent une alliance avec les sinistres dictateurs voisins.

Tandis que la presse des pays limitrophes, totalement muselée, ne peut que chanter les louanges du « leader » dans le seul article permis, ici les journaux dits « indépendants » déchaînent une grossière tempête de mensonges sur le gouvernement et ses défenseurs, créant le climat recherché. Et la démocratie le permet.

La « tête de pont communiste », donnant un magnifique exemple de liberté et d'ingénuité, permet que l'on mine ses fondements nationalistes, permet que l'on détruise un autre rêve d'Amérique.

Regardez un peu en arrière, camarades, observez les leaders en fuite, morts ou prisonniers, de l'Apra au Pérou ; d'*Acción Democrática* au Venezuela ; la magnifique jeunesse cubaine assassinée par Batista. Penchez-vous sur les vingt orifices que présente le corps du poète soldat, Ruiz Pineda ; sur les miasmes des prisons vénézuéliennes. Regardez, sans peur mais avec précaution, ce passé édifiant et répondez : c'est cela, l'avenir du Guatemala ?

C'est pour ça qu'on a lutté et qu'on lutte ? La responsabilité historique des hommes qui réalisent les espoirs de l'Amérique latine est grande. Il est temps d'en finir avec les euphémismes. Il est temps que le gourdin réponde au gourdin, et s'il faut mourir, que ce soit comme Sandino et pas comme Azaña. Mais que les fusils traîtres ne soient pas empoignés par des mains guatémaltèques. S'ils veulent tuer la liberté, qu'ils le fassent eux-mêmes, ceux qui la cachent. Il ne faut pas être tendre ni pardonner les trahisons. Que le sang d'un traître qui ne coule pas ne coûte pas la vie à des milliers de vaillants défenseurs du peuple. La vieille alternative de Hamlet résonne sur mes lèvres par le biais d'un poète d'Amérique – Guatemala : « Tu es ou tu n'es pas, ou qui es-tu ? ». Les groupes qui soutiennent le gouvernement ont la parole.

Lettre à sa mère

Maman, chère Maman
(je t'ai confondue avec la date)

[...]
Même Beatriz a décidé d'exercer des représailles et je ne reçois plus les télégrammes qu'elle envoyait.

Vous raconter ma vie serait me répéter, car je ne fais rien de nouveau. La photographie continue à me donner de quoi vivre et je n'ai pas d'espoirs assez solides pour abandonner rapidement cette activité, bien que tous les matins je fasse de la recherche dans deux hôpitaux d'ici. Je crois que ce qui pourrait m'arriver de mieux serait d'obtenir en contrebande un petit boulot de médecin rural très près de la capitale, ce qui me permettrait de consacrer plus tranquillement mon temps à la médecine durant quelques mois. Je fais cela parce que je me suis parfaitement rendu compte de tout ce que j'ai appris sur l'allergie avec Pisani, surtout maintenant que je suis confronté à des gens qui ont étudié aux États-Unis et ne se délectent pas du savoir orthodoxe, et je crois que la méthode de Pisani est très largement au-dessus de tout ça et je veux devenir expert dans toutes les astuces de ses systèmes pour retomber sur mes pieds n'importe où [...].

[...] j'ai un boulot fou, car je passe toutes mes matinées à l'hôpital, que l'après-midi et le dimanche je me consacre à la photographie, et que le soir j'étudie un peu. Je crois que je t'ai raconté que je suis dans un bel appartement et je me fais à manger et tout le reste moi-même, sans compter que je me douche tous les jours grâce à l'eau chaude que j'ai à volonté. Comme tu vois, j'ai changé sur ce point, pour le reste je suis le même, car le linge je le lave peu et mal et je n'ai toujours pas de quoi payer une blanchisseuse.

La bourse est un rêve que j'ai maintenant abandonné et il me semble que dans ce pays si vaste il ne faut pas demander, mais faire, un point c'est tout. Tu sais que j'ai toujours été partisan des décisions drastiques et ici ils paient formidablement bien, car tout le monde est flemmard, mais ils ne s'opposent pas à ce que d'autres fassent le boulot, si bien que j'ai le champ libre, ici ou à la campagne où j'irai peut-être. Bien sûr que je ne perds pas de vue pour autant mon objectif, l'Europe, où je pense aller coûte que coûte. Envers les États-Unis, je n'ai pas perdu un demi-gramme d'animosité, mais je veux au moins bien connaître New York. Je n'ai pas la moindre crainte quant au résultat et je sais que j'en repartirai aussi anti-yankee que j'y serai entré (si j'y entre).

Je me réjouis que les gens se réveillent un peu, même si je ne sais pas suivant quelles directives ils le font ; de toute manière, la vérité, c'est que l'Argentine est des plus fades, bien que globalement le panorama que l'on voit d'ici, à l'extérieur, semble indiquer qu'elle progresse à grands pas et qu'elle va parfaitement pouvoir se défendre contre la crise que vont déclencher les yankees avec le doping de leurs excédents alimentaires [...].

Les communistes n'ont pas le sens que tu as de l'amitié, mais entre eux ils l'ont pareil ou mieux que celui que tu as. Ça, je l'ai vu bien clairement, et dans l'hécatombe qu'a vécue le Guatemala après la chute, où chacun ne s'occupait que du sauve-qui-peut, les communistes ont gardé leur foi intacte et leur camaraderie et c'est le seul groupe qui a continué à travailler là-bas.

Je crois qu'ils sont dignes de respect et que tôt ou tard je rentrerai au Parti ; ce qui m'empêche de le faire avant tout, pour l'instant, c'est que j'ai une envie énorme de voyager en Europe et que je ne pourrai pas le faire en étant soumis à une discipline rigide.

Maman, rendez-vous à Paris.

Lettre à sa mère

Maman, chère Maman,

C'est vrai, je suis assez paresseux pour écrire mais le coupable c'est, comme toujours, monsieur Fric. À ce qu'il semble, la fin de la misérable année économique

1954, qui m'a traité aussi mal qu'elle a traité ton visage, coïncide avec la fin de ma disette chronique ; j'ai un poste de rédacteur à l'Agence latine où je gagne sept cents *pesos* mexicains, c'est-à-dire l'équivalent de sept cents de chez nous, ce qui me donne une base économique pour subsister, avec, en plus, l'avantage de ne m'occuper que trois heures trois fois par semaine. Cela me permet de consacrer mes matinées entières à l'hôpital où je fais sensation avec la méthode de Pisani. [...]

Je continue la photographie mais en me consacrant à des choses plus importantes telles que des « études » et quelques petites choses bizarres qui se font par ici. Le surplus est maigre, mais j'espère arrondir à mille durant cet heureux mois de décembre, et si la chance est de mon côté nous ouvrirons un petit studio photographique à la fin de l'année qui vient (au début je voulais dire). Contrairement à ce que tu pourrais croire, je ne suis pas plus mauvais que la majorité des photographes et je suis même le meilleur du groupe de camarades, mais bien sûr dans ce groupe on n'a pas besoin d'être borgne pour régner.

Mes projets immédiats comprennent environ six mois de séjour au Mexique, pays qui m'intéresse et me plaît beaucoup, et durant ce temps je demanderai peut-être au passage le visa pour bien connaître les « enfants de la grande puissance », comme les appelle Arévalo. Si ça marche, j'y serai, et sinon, je verrai quoi faire pour de bon. Toujours sans dédaigner l'aller direct derrière le gros rideau [1] pour voir aussi ce qui se passe.

1. Il fait référence à l'Union soviétique. Ernesto Guevara joue avec « derrière le rideau de fer ».

Comme tu vois, rien de neuf quant à ce qui précède.

Sur le terrain scientifique je suis beaucoup plus enthousiaste et j'en profite car ça ne durera pas. Je suis en train de faire deux travaux de recherche et j'en commencerai peut-être un troisième, tous sur l'allergie et, bien que très lentement, je continue à rassembler du matériel pour un petit livre qui verra le jour – s'il le voit – dans quelques années et qui porte le titre prétentieux de *La Función del médico en Latinoamérica* [2]. Je peux parler avec quelque autorité de ce sujet car, si je n'ai pas d'énormes connaissances en médecine, l'Amérique latine, elle, je la connais comme ma poche. Évidemment, en dehors du plan de travail général et de trois ou quatre chapitres, il n'y a rien d'autre, mais j'ai tout mon temps.

Pour ce qui est des différences de modes de pensée, qui selon toi s'accentuent, je t'assure que ce ne sera pas pour longtemps. À ce que tu crains tant, on arrive par deux chemins : le positif, d'une conviction directe, ou le négatif à travers une désillusion sur tout. Je suis arrivé par le second chemin, mais pour me convaincre immédiatement qu'il faut continuer sur le premier. La façon dont les *gringos* traitent l'Amérique (n'oublie pas que les *gringos* sont les yankees) m'inspirait une indignation croissante, mais en même temps j'étudiais la théorie du pourquoi de leur action et je la trouvais scientifique. Après il y a eu le Guatemala et tout ça était difficile à raconter, en voyant comment tout l'objet de notre enthousiasme se diluait par la volonté de ces messieurs et comment se forgeait déjà le nouveau conte de la

2. Le Rôle du médecin en Amérique latine. (N.d.T.)

culpabilité et de la criminalité rouges, et comment les traîtres guatémaltèques eux-mêmes contribuaient à propager tout cela pour mendier quelque chose dans le nouvel ordre des choses. À quel moment j'ai abandonné le raisonnement pour avoir quelque chose comme la foi, je ne peux pas te le dire, même approximativement, car le chemin a été assez longuet et avec beaucoup de reculs successifs [...].

Lettre à sa mère

24 septembre 1955

Chère Maman,

Cette fois-ci mes craintes étaient visiblement justifiées, et ton ennemi juré depuis tant d'années est tombé ; ici la réaction ne s'est pas fait attendre : tous les journaux du pays et les bureaux étrangers ont annoncé avec jubilation la chute du ténébreux dictateur ; les Nord-Américains ont soupiré de soulagement sur le sort de quatre cent vingt-cinq millions de dollars qu'ils pourront maintenant sortir d'Argentine ; l'évêque de Mexico s'est montré satisfait de la chute de Perón, et tous les catholiques et les gens de droite que j'ai connus dans ce pays ont aussi eu l'air contents, mes amis et moi, non ; nous suivons tous avec une angoisse naturelle le sort du gouvernement péroniste et les menaces de la flotte de bombarder Buenos Aires. Perón est tombé comme tombent les gens de son espèce, sans la dignité posthume de Vargas, ni la dénonciation énergique d'Arbenz qui a nommé dans les moindres détails les coupables de l'agression.

Ici, les progressistes ont défini le processus argentin comme « une nouvelle victoire du dollar, de l'épée et de la croix ».

Je sais qu'aujourd'hui tu dois être très contente, respirer un air de liberté [...].

Il y a peu, je te signalais dans une autre lettre que les militaires ne remettent le pouvoir aux civils que si ces derniers leur garantissent une domination de caste ; pour le moment, ils ne le remettront qu'à un gouvernement qui surgira du parti démocrate, c'est-à-dire de l'un des partis sociaux-chrétiens récemment fondés, où je suppose qu'est en train de militer..., futur député à l'honorable chambre des Députés où siègera peut-être, avec le cours du temps..., leader du parti « argentiniste », à fonder.

Tu pourras parler partout et dire ce que tu voudras avec la totale impunité que t'assurera le fait d'être membre de la classe au pouvoir, bien que j'espère pour toi que tu seras la brebis galeuse du troupeau. Je t'avoue en toute sincérité que la chute de Perón m'a profondément affligé, pas pour lui, mais pour ce que cela signifie pour toute l'Amérique, car ne t'en déplaise et malgré la claudication fatale des derniers temps, l'Argentine était le paladin de tous ceux qui, comme nous, pensent que l'ennemi est dans le Nord. Pour moi qui ai vécu les heures amères du Guatemala, ça a été comme une réplique à distance, et lorsque j'ai vu qu'à côté des informations loyales (c'est bizarre de les appeler ainsi) on entendait la voix de Córdoba, qui théoriquement était occupée, j'ai commencé à trouver que c'était mal parti ; ensuite, tout s'est déroulé exactement pareil : le président a renoncé ; une junte a commencé à négocier, mais depuis une position de résistance ; puis tout s'est achevé ; un militaire est monté au pouvoir avec son petit marin à ses côtés, seul fait ajouté par rapport au Guatemala ; et alors le cardinal Copello a parlé au peuple plein d'orgueil calculant comment marcheraient ses affaires sous la nouvelle junte ; les journaux du monde entier – de ce côté-ci du monde – ont poussé leurs hurlements archiconnus, la junte a refusé de donner un passeport à Perón, mais annoncé la liberté pour tout le monde. Des gens comme toi croiront voir l'aurore d'un nouveau jour ; je t'assure que Frondizi ne la voit plus, car au cas où les radicaux monteraient au pouvoir ce ne sera pas lui qui le fera, mais Yadarola, Santander ou tout autre qui servira les intérêts yankees et ceux du clergé, en plus des militaires. Peut-être que dans un premier temps tu ne verras pas la violence, car elle s'exercera dans un cercle éloigné du tien [...].

Le parti communiste, avec le temps, sera mis hors circuit, et peut-être qu'il arrivera un jour où même Papa sentira qu'il s'est trompé. Qui sait ce qu'il adviendra d'ici là de ton fils errant. Peut-être aura-t-il décidé de s'établir sur sa terre natale (la seule possible) ou de commencer une vie de vraie lutte [...].

Peut-être qu'une de ces balles si abondantes dans les Caraïbes mettra fin à mon existence (ce n'est pas une fanfaronnade, mais pas non plus une possibilité concrète, c'est que les balles circulent beaucoup dans ces contrées) ; peut-être que, simplement, je continuerai à vagabonder le temps nécessaire pour achever une solide formation et combler les désirs que je me suis fixés dans le programme de ma vie, avant de la consacrer sérieusement à la poursuite de mon idéal. Les choses avancent avec une rapidité formidable et personne ne peut prédire où, ni pour quelle cause il sera l'année suivante.

Je ne sais pas si vous avez reçu la nouvelle protocolaire de mon mariage et l'arrivée d'un héritier ; selon la lettre de Beatriz il semble que non. S'il en est ainsi, je te communique officiellement la nouvelle, pour que tu la diffuses parmi les gens ; je me suis marié avec Hilda Gadea et nous aurons un enfant dans quelque temps. J'ai reçu les journaux de Beatriz, ils m'intéressent beaucoup, je voudrais un envoi de ceux de ces jours-ci et, surtout, toutes les semaines *Nuestra Palabra* [1].

Au revoir

Un baiser à toute la famille, Hilda vous salue.

1. Organe officiel de presse du Parti Communiste argentin.

Lettre à sa mère

Mexico, le 15 juillet 1956 [1]

[Maman,

J'ai reçu ta lettre, tu es passée par une mélancolie plus ou moins grande à ce que je vois. Elle contient beaucoup de justesse et beaucoup de choses que je ne te connaissais pas.]

Je ne suis ni le Christ ni un philanthrope, Maman, je suis tout le contraire d'un Christ, et la philanthropie me paraît l'affaire de [ ] [2] ; pour les choses auxquelles je crois, je lutte avec toutes les armes à ma portée et j'essaie de laisser l'autre à terre, au lieu de me laisser clouer sur une croix ou à tout autre endroit. Pour la grève de la faim, tu te trompes complètement : on l'a commencée deux fois ; à la première tentative ils ont relâché vingt et un des vingt-quatre détenus ; à la seconde ils ont annoncé qu'ils relâcheraient Fidel Castro, le chef du mouvement – ce serait pour demain ; si ça se passe comme ils l'ont annoncé, nous ne serions plus que deux en prison. Je ne veux pas que tu croies, comme l'insinue Hilda, que nous deux qui restons sommes

1. Une copie de l'original se trouve dans les Archives personnelles du Che, et en la collationnant ont été faites quelques corrections et extensions. signalées entre crochets.

2. Mot illisible.

sacrifiés, nous sommes simplement ceux dont les papiers ne sont pas en règle, et c'est pourquoi nous n'avons pas pu nous prévaloir des recours qu'ont utilisés nos camarades. Je projette de partir pour le pays le plus proche qui me donnera l'asile, chose difficile vu la réputation interaméricaine qu'ils m'ont collée, et de m'y tenir prêt pour quand mes services seront nécessaires. Je vous répète qu'il est probable que je ne puisse pas écrire pendant une période plus ou moins longue.

Ce qui [vraiment] m'atterre, c'est ton manque de compréhension de tout cela et tes conseils sur la modération, l'égoïsme, etc., c'est-à-dire les qualités les plus exécrables que puisse avoir un individu. Non seulement je ne suis pas modéré, mais j'essaierai de ne jamais l'être et quand je reconnaîtrai en moi-même que le feu sacré a laissé place à une timide petite lumière votive, le moins que je pourrai faire, sera de me mettre à vomir sur ma propre merde. Quant à ton appel à l'égoïsme modéré, c'est-à-dire à l'individualisme vulgaire et peureux, aux vertus de XX, je dois te dire que j'ai beaucoup fait pour le liquider, pas précisément ce type inconnu, lâche, mais l'autre, bohême, se désintéressant de son voisin et possédant un sentiment d'autosuffisance par la conscience erronée ou non de ma propre force. Durant ces jours de prison et les précédents lors de l'entraînement, je me suis totalement identifié aux camarades de la cause, je me souviens d'une phrase qui un jour m'avait paru imbécile ou pour le moins étrange, et qui faisait allusion à une identification si totale entre tous les membres d'un corps combattant, que le concept « moi » avait complètement disparu pour donner lieu au concept « nous ». C'était une morale communiste et naturellement, cela peut paraître une exagération doctrinaire, mais réellement c'était (et c'est) beau de pouvoir sentir ce transfert du « nous ».

(Les taches ne sont pas des larmes de sang, mais du jus de tomate.)

Une de tes profondes erreurs est de croire que c'est de la modération ou de « l'égoïsme modéré » que naissent les inventions majuscules ou les chefs-d'œuvre de l'art. Pour toute grande œuvre il faut de la passion et pour la Révolution il faut de la passion et de l'audace à hautes doses, choses que nous avons comme groupe humain. Une autre chose bizarre que je note chez toi c'est la citation répétée de Dieu le Père ; j'espère que tu ne retournes pas à ton refuge de jeunesse. Je vous préviens aussi que la série de SOS que vous avez lancés ne sert à rien : Petit a échoué, Lezica s'est dérobée et a fait un sermon à Hilda (qui y est allée contre mon gré) sur les obligations du réfugié politique. Raúl Lynch s'est bien comporté, de loin, et Padilla Nervo a dit que c'étaient des ministères distincts. Tous pouvaient m'aider mais à condition que j'abjure mes idéaux, je ne crois que toi tu préfèrerais un fils vivant et Barrabas à un fils mort n'importe où en accomplissant ce qu'il considère comme son devoir. Les [tentatives] d'aide ne font que nous embarrasser, eux et moi.

[Mais tu as des solutions (du moins selon mon point de vue) et la meilleure d'entre elles, c'est l'affaire de la fusée interplanétaire ; ma parole que ça me plairait.] En plus c'est vrai qu'après [avoir redressé] des torts à Cuba je partirai ailleurs et c'est vrai qu'enfermé au sein d'une organisation bureaucratique ou dans une clinique pour maladies allergiques je m'emmerderais. Malgré tout, je trouve que cette douleur, la douleur d'une mère qui entre dans la vieillesse et veut voir son fils vivant, est respectable, que j'ai l'obligation d'y être attentif, et d'ailleurs j'ai envie d'y être attentif, et j'aimerais te voir non seulement pour te consoler, mais pour me consoler de ma sporadique et inavouable nostalgie.

Maman, ton fils t'embrasse et te promet sa présence s'il n'y a rien de nouveau. Ton fils,

le Che

Lettre à sa mère

Mexico, le 15

Chère Maman,

Toujours sur le sol mexicain je réponds à tes lettres précédentes. Je ne peux pas te dire grand-chose de neuf sur ma vie, car pour l'instant je fais seulement un peu de gymnastique, je lis énormément, en particulier sur ce que tu imagines déjà, et je vois Hilda certains week-ends.

J'ai renoncé à l'espoir que mon cas se résolve par les voies légales, si bien que mon séjour au Mexique sera transitoire ; de toute façon Hilda part avec la petite passer les fêtes de fin d'année avec sa famille. Elle y restera un mois et après on verra ce qu'on fait. Mon ambition à long terme il est de connaître l'Europe, et si possible d'y vivre, mais il est de plus en plus improbable que cela arrive. Quand quelqu'un attrape le virus que j'ai, il semble qu'il l'exacerbe et ne le lâche que dans la tombe.

J'avais préparé un projet de vie comprenant dix années de vagabondage, puis des années d'étude de la médecine, et après, s'il restait du temps, tenter la grande aventure de la physique.

Tout cela est du passé ; la seule chose qui soit claire c'est que les dix années de vagabondage ont l'air de vouloir durer plus (sauf si des circonstances imprévues coupent court à tout vagabondage), mais ça se passera d'une manière totalement différente de celle dont j'ai rêvé, et quand j'arriverai dans un nouveau pays ce ne sera pas seulement pour parcourir des terres, voir des musées et des ruines, mais en plus (car ça m'intéresse toujours) pour me joindre à la lutte du peuple.

J'ai lu la dernière information qui est arrivée d'Argentine sur le refus de donner une personnalité juridique à trois nouveaux partis et le retrait de celle qu'avait le PC. Bien qu'attendue, cette mesure n'en est pas moins symptomatique de tout ce qui est en train de se passer en Argentine depuis quelque temps. Tous leurs actes ont une tendance si nette – favoriser une caste et une classe – qu'il ne peut y avoir ni méprise ni confusion. Cette classe est celle des propriétaires terriens métis alliés aux investisseurs étrangers, comme toujours.

Si je te dis ces choses plus ou moins dures, c'est pour le « qui aime bien châtie bien ». Maintenant je t'envoie un baiser, un des derniers depuis le sol mexicain et sur ma lancée de remontrances, une dernière : la mère des Maceo déplore de ne plus avoir de fils à offrir à Cuba. Je ne t'en demande pas tant, simplement que mon prix ou le prix pour me voir n'aille pas à l'encontre de tes convictions, ni que tu t'en repentes un jour.

Au revoir

Lettre à sa mère

Chère Maman [1],

Je t'écris d'un endroit quelconque du Mexique, où j'attends que les choses se règlent. L'air de la liberté est, en réalité, l'air de la clandestinité ; mais ça ne fait rien, ça donne un goût de film mystérieux très intéressant.

Ma santé est très bonne et mon optimisme encore meilleur. D'après tes appréciations sur les libérateurs je vois que peu à peu, presque sans le vouloir, tu perds confiance en eux.

[Ce que tu dis du « mais » ferme et de la confiance fait partie des choses les plus tragiques que tu aies écrites, mais ne t'inquiète pas, je ne le montrerai à personne. Prête seulement attention à ce que disent les

1. Probablement d'août ou septembre 1956, après sa libération. En la collationnant avec l'original, on ajoute un paragraphe qui n'apparaît pas dans la version publiée dans *Aquí va un soldado...*

journaux d'Égypte, par exemple, et la « perte de confiance de l'Occident ». C'est logique, ils ont beaucoup plus confiance en un fief de leur appartenance qu'en un pays même sans projets d'indépendance.] Le pétrole ne sera pas non plus argentin. Les bases qu'ils craignaient tant que Perón ne livre, ils les ont livrées ; ou du moins feront-ils une concession analogue. La liberté d'expression est désormais un mythe, sauf qu'elle a changé de mythe, avant c'était le péroniste, maintenant c'est le libérateur : les journaux qui emmerderont la rue [*Il semble dire ça*]. Avant les élections générales ils auront rendu le parti communiste illégal et ils tenteront par tous les moyens de neutraliser Frondizi, qui est le meilleur à quoi puisse aspirer l'Argentine. Enfin, Maman, le panorama que j'ai d'ici est désolant pour le pauvre mouvement argentin, c'est-à-dire pour la majorité de la population.

Bon, j'ai peu de temps pour écrire et je n'ai pas envie de le gaspiller sur ces thèmes. Bien que, en réalité, j'aie peu à raconter sur ma vie personnelle, car je passe mon temps à faire de l'exercice et à lire. Je pense qu'après ça je serai devenu un as en questions économiques, même si je risque d'avoir oublié comment on prend le pouls et comment on ausculte (ça, je ne l'ai jamais bien fait). Ma route semble s'écarter petit à petit, mais fermement, de la médecine clinique, mais elle ne s'en éloigne jamais au point de m'enlever la nostalgie de l'hôpital. Ce que je vous ai raconté sur la chaire en physiologie c'était faux mais pas complètement. C'était faux parce que je n'ai jamais pensé l'accepter, mais la proposition a existé ainsi que de fortes probabilités pour qu'on me la donne, car on me citait et tout. De toute façon, maintenant ça appartient vraiment au passé. San Carlos a fait une acquisition studieuse.

Du futur, je ne peux rien dire. Écris vite et parle-moi de la famille, c'est très rafraîchissant sous ces latitudes.

Maman, un gros baiser de

ton clandestin de fils

Lettre à sa mère

[Approximativement octobre 1956]

Chère Maman,

Ton désastre de fils, fils de mauvaise mère de surcroît, n'est pas la moitié d'un rien ; il est comme était Paul Muni [1] lorsqu'il disait ce qu'il disait, avec une voix pathétique, en s'éloignant au milieu d'ombres qui augmentaient sur une musique *ad hoc*. Ma profession actuelle est celle de danseur, aujourd'hui ici, demain là-bas, etc., et les parents… je ne suis pas allé les voir pour cette raison (en plus, je t'avouerai qu'il me semble que j'aurai plus d'affinités avec une baleine qu'avec un couple bourgeois de dignes employés d'institutions méritantes, que je ferais disparaître de la surface de la terre, s'il m'était donné de pouvoir le faire. Je ne veux

1. Il fait référence au film *Soy un fugitivo*, interprété par Paul Muni.

pas que tu penses qu'il s'agit d'une aversion directe, c'est plutôt de la méfiance ; Lezica m'a déjà prouvé que nous parlons des langues différentes et que nous n'avons pas de points de contact). Toute cette longue explication entre parenthèses, je te l'ai donnée parce qu'une fois écrite il m'a semblé que tu allais t'imaginer que je suis en train de bouffer du bourgeois, et comme j'avais la flemme de recommencer et de retirer le paragraphe, je me suis lancé dans une explication kilométrique et qui me paraît peu convaincante. Point final. Hilda ira dans un mois rendre visite à sa famille, au Pérou, profitant du fait qu'elle n'est plus délinquante politique mais représentante, un peu égarée, du très digne et anticommuniste parti de l'Apra. Moi, je suis en train de changer l'organisation de mes études : avant, je me consacrais tant bien que mal à la médecine et je réservais mon temps libre à l'étude, de façon informelle, de San Carlos. Cette nouvelle étape de ma vie exige également un changement d'ordre ; désormais San Carlos est primordial, c'est l'axe, et ça le restera pour les années où le sphéroïde terrestre m'admettra dans sa couche la plus externe ; la médecine est un jeu plus ou moins amusant mais non transcendant, sauf dans un petit aparté auquel je pense consacrer plus d'une étude médullaire, de celles qui font trembler sous leur poids les sous-sols d'une librairie. Comme tu t'en souviendras, et si tu ne t'en souviens pas je te le rappelle maintenant, je m'étais engagé à la rédaction d'un livre sur le rôle du médecin, etc., dont j'ai seulement terminé quelques chapitres qui sentent le feuilleton, du type *Cuerpos y Almas*, bien mal écrit et prouvant à chaque pas une ignorance parfaite du fond de la question ; j'ai décidé d'étudier. En plus, je devais parvenir à une série de conclusions qui étaient en conflit ouvert avec ma trajectoire d'aventurier ; j'ai décidé de remplir d'abord les rôles principaux, m'élançant à l'assaut de l'ordre des choses, bouclier au bras, tout en imagination, et après, si les moulins ne m'ont pas fracassé le crâne, écrire.

Je dois à Celia une lettre de louange que j'écrirai après celle-ci si j'en ai le temps. Les autres ont des dettes envers moi car j'ai le dernier mot avec tous, y compris avec Beatriz. Dis-lui que les journaux arrivent parfaitement bien et m'offrent un très bon panorama de toutes les merveilles que fait le gouvernement. Je les ai soigneusement découpés pour suivre l'exemple de mon géniteur ; puisque Hilda se charge de suivre l'exemple de la génitrice [2]. À tous un baiser avec tous les ajouts adéquats et une réponse, négative ou affirmative, mais concluante, sur le Guatémaltèque.

Maintenant il ne reste plus que la partie finale du discours, qui traite du petit homme et pourrait s'intituler : « Et quoi maintenant ? ». Maintenant vient la partie rude, Maman ; ce que je n'ai jamais rejeté et qui m'a toujours plu. Le ciel ne s'est pas obscurci, les constellations ne se sont pas disloquées et il n'y a pas eu d'inondations ni d'ouragans trop insolents ; les signes sont bons. Ils augurent la victoire. Mais s'ils s'étaient trompés, car enfin même les dieux se trompent, je crois que je pourrais dire comme un poète que tu ne connais pas : « Je n'emporterai sous la terre que le cauchemar

2. Je gardais des articles de journaux et mon épouse, régulièrement, faisait le ménage et les jetait.

d'un chant inachevé. » Pour éviter tout pathétisme « pré-mortem », cette lettre partira quand le torchon brûlera vraiment, et tu sauras alors que ton fils, dans un pays américain ensoleillé, se maudira lui-même de ne pas avoir étudié un peu de chirurgie pour aider un blessé, et maudira le gouvernement mexicain de ne pas l'avoir laissé perfectionner son adresse de tireur déjà respectable pour renverser des pantins avec plus d'aisance. Et on luttera dos au mur, comme dans les hymnes, jusqu'à vaincre ou mourir.

Ton fils t'embrasse à nouveau, avec toute la tendresse d'un adieu qui refuse d'être définitif.

Ton fils.

Lettre à son amie Tita Infante

[Approximativement novembre 1956]

Chère Tita

Il y a si longtemps que je ne vous ai pas écrit, que j'ai perdu cette confiance de la communication habituelle (je suis sûr que vous ne comprendrez pas bien mon écriture, je vous expliquerai tout peu à peu).

Premièrement, ma petite Indienne a déjà neuf mois, elle est assez mignonne, pleine de vie, etc.

Deuxièmement et principalement : il y a un certain temps, de jeunes Cubains, révolutionnaires, m'ont invité à aider le mouvement avec mes « connaissances » médicales et j'ai accepté, car vous devez savoir que c'est le type de boulot qui me plaît. Je suis allé dans un ranch dans les montagnes diriger l'entraînement physique, vacciner les troupes, etc., mais je suis devenu si salé (expression cubaine) que la police a embarqué tout le monde, et comme j'étais bancal (expression mexicaine) sur mes papiers, j'ai pris deux mois de prison, sans compter qu'ils m'ont volé ma machine à écrire, entre autres babioles, d'où cette missive manuscrite. Ensuite les autorités ont commis la grave erreur de croire en ma parole de gentilhomme et m'ont remis en liberté, afin que je quitte le pays dans les dix jours. Ça fait de cela trois mois et je suis encore par ici, bien que caché et sans horizon au Mexique. J'espère seulement voir ce qui se passera avec la Révolution ; si ça marche, je pars à Cuba ; si ça ne marche pas je commencerai à chercher un pays où m'établir. Cette année peut faire chavirer ma vie, bien que j'aie si souvent chaviré que ça ne m'étonne ni ne m'émeut pas beaucoup.

Évidemment, tous mes travaux scientifiques sont allés au diable et maintenant je ne suis un lecteur assidu que du petit Karl [1] et du petit Friedrich [2] et d'autres petits. J'ai oublié de vous raconter qu'en m'arrêtant ils ont trouvé plusieurs petits livres de russe, sans compter une carte de l'Institut d'échanges mexicano-russe, où j'étudiais la langue pour un problème de réflexes conditionnés.

Ça vous intéressera peut-être de savoir que ma vie conjugale est presque totalement rompue et se rompt

1. Karl Marx.

2. Friedrich Engels.

définitivement le mois qui vient, car ma femme part au Pérou voir sa famille, dont elle est séparée depuis huit ans. Il y a un arrière-goût assez amer dans la rupture, car elle a été une compagne loyale et sa conduite révolutionnaire a été irréprochable durant mes vacances forcées, mais notre désaccord spirituel était très grand et je vis avec cet esprit anarchique qui me fait rêver des horizons alors que j'ai « la croix de tes bras et la terre de ton âme » [3], comme disait Pablito.

Je prends congé. Ne m'écrivez pas jusqu'à la prochaine lettre qui contiendra plus de nouvelles, au moins un domicile fixe.

Recevez le baiser toujours affectueux de votre ami

ERNESTO

3. Il fait référence au poème de Pablo Neruda « *Una canción desesperada* ».

Hommage d'Alberto Granado

Préfacer[1] un livre écrit par un homme dont la vie et l'œuvre le convertissent en modèle d'être humain est une tâche difficile, car on court le risque de céder à la tentation de transformer cet être en un mythe éloigné de la réalité qui l'a entouré durant sa vie.

Mais cette difficulté est encore plus grande lorsque celui qui l'écrit a eu le très grand bonheur d'être témoin de la transformation de « rêves de luxurieux voyages » en réalités concrètes.

C'est pourquoi, en tant que partie prenante du milieu qui l'a entouré, ceux qui, comme nous, ont bénéficié de son amitié et ont pu percevoir ses qualités morales et intellectuelles au-dessus de la moyenne, doivent toujours avoir à l'esprit que ce grand ami n'est qu'un homme et seulement un homme, et pas un être mythologique.

C'est en accord avec cet idéal que j'accepte, moi, son ami de toujours – depuis le lointain octobre 1942 – de faire l'introduction de son *Second Journal de voyage à tra-*

1. Dans l'édition originale, en langue espagnole, l'hommage d'Alberto Granado est placé en introduction au *Second Journal à travers l'Amérique latine.*

vers l'Amérique latine qu'il a intitulé de façon prémonitoire *Otra vez*.

Il s'agit d'un récit de vie au long duquel on a affaire à un Ernesto Guevara de La Serna en chair et en os, qui, du haut de ses téméraires vingt-cinq ans, nous montre les diverses facettes d'une personnalité en devenir, qui se propose d'affronter toutes les difficultés, exprimées synthétiquement, au début du voyage avec son ami Carlos Ferrer (Calica) : « Deux volontés dispersées se propageant à travers l'Amérique sans savoir précisément ce qu'elles cherchent ni où est le nord. »

Toutefois, à partir du moment où il décide de sortir des sentiers battus qu'on lui offrait au Venezuela, pour partir découvrir et prendre part à la révolution qui était menée à bien au Guatemala, on perçoit déjà la transformation qui s'opère et on acquiert la certitude qu'il a trouvé le chemin qu'il cherchait.

Si son premier périple à travers l'Amérique du Sud lui a permis de renforcer ses convictions sur les différences sociales, et l'a sensibilisé à l'importance de lutter contre elles, dans son second voyage il consolide ses connaissances politiques et comprend la nécessité de pousser plus loin ses études, pour déterminer avec une plus grande clarté le pourquoi et le comment d'une lutte qui aboutirait à une véritable révolution.

Je revis, avec les yeux du souvenir, cet adieu, au milieu de sa famille et de ses amis, qui y participent sans comprendre le pourquoi, mais en se pliant aux formalités d'usage quand on prend congé d'un membre de son groupe ou de sa classe partant à la recherche de nouveaux horizons, bien que, dans ce cas précis, celui qui part le fait en rompant avec toutes les normes du groupe auquel il appartient et en contredisant tous les schémas préétablis.

Je le revois vêtu de l'uniforme militaire argentin, pantalon étroit, chemise rustique, et pataugas aux lacets certainement défaits, non par négligence, mais pour être en accord avec son échelle de valeurs, où l'apparence n'est pas le plus important.

Ainsi, accroché au wagon de deuxième classe, avec son large sourire, levant sa tête à moitié rasée, le « sans le sou Guevara » de toujours, s'éloigne peu à peu du quai de Buenos Aires pour entrer dans l'Histoire.

À partir de ce moment-là, tout au long des pages du *Journal*, apparaissent dans un kaléidoscope hallucinant tout ce qu'il considère digne d'être noté et toujours présents, en symbiose permanente, le styliste littéraire et l'observateur profond.

Suite à sa visite à Bolsa Negra, il fait une description très vivante du paysage qui entoure la mine et il ajoute : « Mais on ne sentait pas la mine frémir. Il manquait la poussée des bras qui tous les jours arrachent la charge de matériau à la terre et qui pour l'heure étaient à La Paz en train de défendre la Révolution, puisque nous sommes le 2 août, jour de l'Indien et de la Réforme agraire. »

On peut trouver en résumé dans ce paragraphe ce qui pour Ernesto commençait à devenir un axiome : l'importance de l'homme dans toutes les activités de la vie ; mais dit en même temps avec la beauté d'une plume de valeur.

Un autre aspect à souligner dans le *Journal,* c'est sa multiplicité précoce, patente dans les nombreuses et diverses activités qu'il pratique pendant la courte période de son voyage.

C'est ainsi qu'il entreprend des tâches aussi différentes que donner une conférence sur les activités d'enseignement à l'université de Buenos Aires ou discourir sur des recherches avec l'éminent physiologiste espagnol P. Suñer, victime des persécutions franquistes.

Commence alors une série d'échanges avec des personnalités avec lesquelles il a discuté et souvent été en désaccord.

Il fait un bilan critique de chacune des entrevues, et on observe avec étonnement la quantité de remarques justes qui se trouvent dans ces analyses, vues à la lumière de presque un demi-siècle de distance.

En arrivant au Costa Rica, il fait la connaissance de plusieurs exilés politiques, dont deux mèneront une action politique importante dans leurs pays respectifs, arrivant jusqu'à la présidence.

De l'entrevue avec Juan Bosch, le Dominicain, et avec Rómulo Betancourt, le Vénézuélien, surgit spontanément une question : comment ce jeune inconnu, à l'apparence débraillée, incisif et critique dans le dialogue, a-t-il pu briser le cercle officieux qui les entourait ?

La réponse n'est pas aisée, mais ce qui est sûr c'est qu'il s'est réellement entretenu avec eux, et, lorsqu'il tire les conclusions de ces rencontres, on ne peut pas trouver plus exact.

En quelques mots, il dépeint Bosch tel qu'il a été dans son activité gouvernementale. Pour ce qui est de Betancourt, il anticipe avec un réalisme cru la conduite qu'aura Rómulo, tant dans les années où il sera président du Venezuela que lorsqu'il sera à la tête de la machinerie électorale d'*Acción Democrática*, d'où il a livré les grandes richesses aux multinationales des États-Unis.

Le *Journal* n'est pas dénué de notes de gaieté et de vitalité et, à côté de l'homme d'idées, on trouve un garçon vigoureux, plein d'énergie, sensible à la présence féminine, capable de donner un peu de tendresse et de réconfort à « la petite métisse Socorro » sans se trahir lui-même et en jugeant l'aventure avec d'authentiques nuances.

Les passages décrivant son séjour au Mexique sont d'une extraordinaire importance par la diversité d'intérêts et de facettes. Il visite des musées, admire les murals d'Orozco, Rivera, Tamayo et Siqueiros, et il parcourt les fascinantes pyramides aztèques, sans oublier ses véritables objectifs. À sa fascination pour la culture mexicaine, s'ajoute une touche déterminante et irréversible, lorsqu'il écrit qu'il aura « une vie de prolétaire ».

Ainsi ne se laisse-t-il pas tenter par les aides que lui offrent les Ulises Petit de Murat, Hilda, Petrona, sa propre tante Beatriz, qui le mèneraient à un chemin bourgeois. Il reste dans son statut prolétaire avec « l'enchaînement habituel d'espoirs et de déconvenues » qui caractérisent la vie de cette classe durant la lutte pour la prise du véritable pouvoir.

Cette attitude nouvelle face aux problèmes politiques qui l'entourent, est clairement exposée dans une discussion, qu'il retranscrit, avec un groupe d'exilés argentins au Mexique. Ces derniers voulaient envoyer un message de soutien au nouveau gouvernement argentin, apparu après le renversement de Perón. Lors de cette réunion, Ernesto demande qu'avant de soutenir ledit gouvernement « on attende qu'il réalise des actes concrets tels que la démocratie syndicale et la conduite économique ».

Joint à son esprit prolétaire, apparaît en lui, plus puissant que jamais, un grand sens de la solidarité : de la même façon que, lors de son premier voyage, il a partagé sa couverture avec un couple d'ouvriers dans la nuit froide du haut plateau chilien, maintenant au Mexique, malgré la pénurie économique dont il souffre, il cherche et obtient de l'argent (cent cinquante dollars) pour aider son ami El Patojo, à qui il conseille de retourner au Guatemala auprès de sa mère qui a besoin de son soutien économique et affectif.

Dans les dernières pages, on trouve parfaitement profilées les trois grandes lignes de conduite qui ont marqué sa vie durant ses cinq premiers lustres. Sa passion et sa compétence pour la science ; sa déambulation parmi des voyageurs curieux et l'étude de la nature et des civilisations en compagnie de ses amis et, troisièmement, le besoin de participer à une véritable révolution.

Pour illustrer ce qui précède, on peut apprécier les commentaires à propos de la présentation à Guanajuato de son travail sur l'allergie, lorsqu'il examine la possibilité de faire de la recherche scientifique et une médecine humaine.

Durant cette période, alors qu'il commente également son avenir, il fait référence à une supposée réunion à Caracas avec les Granados, et même s'il l'envisage comme possibilité, il s'agit plutôt d'une pensée fugace et d'une concession à l'appel de ses amis que d'une ferme résolution. Il est clair, et surtout pour moi, que sa façon d'agir et de penser diffère déjà beaucoup de celle du Fuser de 1952 avec qui j'ai partagé des moments inoubliables. Son désir de voyager et de faire de la recherche reste présent, mais on sent la ferme conviction de ne plus vouloir être à moitié scientifique, à moitié bohème, à moitié révolutionnaire, mais de se préparer à fond pour un grand pas décisif.

Par les hasards de la vie, dans ce dur mois d'août, il fait la connaissance de Fidel, en qui il trouve l'élan et le soutien dont il avait besoin.

C'est pourquoi si on disait que dans son *Journal* il y a peu d'espace pour la description d'une rencontre aussi importante dans l'avenir, est-ce que je serais dans l'erreur en pensant qu'au moment d'écrire ces lignes il s'est dit à lui-même, en paraphrasant le Maître : *Il y a des choses qui doivent être faites en silence*… ?

ALBERTO GRANADO
La Havane, août 1998

Alberto Granado Jiménez est né à Córdoba, en Argentine, en 1922. Sa participation active aux mouvements politiques contre la dictature de Perón lui vaut un passage en prison en 1943. Il obtient son diplôme de médecin en 1948 et se consacre à la recherche scientifique. Après le succès de la Révolution, il rejoint son ami Che Guevara à Cuba. Il réside encore aujourd'hui à La Havane.

Notice biographique

14 juillet 1928. Naissance à Rosario da Fe, en Argentine, d'Ernesto Guevara.

1935. Fortement asthmatique, Ernesto ne peut suivre une scolarité normale. Sa mère se charge de son instruction. Très vite, il se passionne pour les sports.

1937. Le père d'Ernesto fonde un comité de soutien à la République espagnole. L'adolescence d'Ernesto coïncide avec le régime autoritaire de Perón.

1945-1951. Ernesto s'inscrit en médecine. Il travaille comme infirmier sur un bateau pétrolier, puis comme praticien dans un centre d'hygiène municipal.

Décembre 1951. Début du voyage à moto avec Alberto Granado : ils traversent l'Argentine, le Chili, le Pérou, la Colombie, et atteignent le Venezuela en juillet 1952.

Novembre 1952. De retour à Buenos Aires, Ernesto Guevara obtient son diplôme de médecin.

Juillet 1953. Il repart pour un second voyage en Amérique latine avec son ami Carlos Ferrer. Traversée de la Bolivie où le gouvernement de Paz Estenssoro met en œuvre d'importantes réformes sociales. Guevara séjourne en Équateur et arrive au Guatemala, où le gouvernement démocratique du colonel Arbenz tente de résister aux grandes compagnies américaines. Il y rencontre Hilda Gadea, une exilée péruvienne qui va devenir sa première femme. Il entre en relation avec un groupe de réfugiés cubains qui viennent d'arriver au Guatemala après l'assaut de la caserne Moncada. Il écrit à sa mère : « Au Guatemala, je pourrais devenir très riche en me consacrant à l'allergologie. Mais ce serait trahir de la manière la plus horrible ces deux "moi" que je porte, mon "moi" socialiste et mon "moi" voyageur. »

Septembre 1954. Installé à Mexico, Guevara trouve du travail dans divers hôpitaux.

Juillet-août 1955. Il est présenté à Fidel Castro. Après une nuit de conversation intense, celui-ci l'enrôle comme médecin de l'expédition révolutionnaire qu'il prépare contre la dictature cubaine de Batista.

Mars 1956. Naissance de sa fille Hildita.

Juin 1956. Il est emprisonné pour plus d'un mois avec ses amis exilés cubains.

Novembre 1956. Le navire *Granma* quitte le Mexique pour Cuba. Ses 82 passagers ont pour but de renverser le régime de Batista et d'organiser la révolution dans l'île. Ils débarquent le 2 décembre, déjà repérés par l'ennemi. Le 21 décembre, le groupe de guérilla se reforme dans la montagne. Le 17 janvier, assaut d'une caserne et première victoire.

Mai-juin 1957. Le groupe s'étoffe et trouve des armes. Che Guevara opère dans la Sierra Maestra, avec sa « quatrième colonne ». Batista lance une opération massive contre la Sierra.

Août 1958. La « colonne » du Che compte 148 hommes. Dans le but de couper l'île en deux, elle accomplit une marche de 46 jours.

30 décembre 1958. Le commandant Che Guevara remporte la bataille décisive de Santa Clara. Il est touché au bras gauche. Batista s'enfuit.

2 janvier 1959. Le Che et Camillo Cienfuegos entrent à La Havane, tandis que Castro entre à Santiago de Cuba.

2 juin 1959. Il épouse Aleida March, une compagne de guérilla. Il part en ambassade auprès de pays africains et asiatiques pour stabiliser les relations économiques avec Cuba. À son retour, il est nommé responsable de l'industrialisation puis président de la Banque nationale.

Octobre 1960. Il voyage en URSS et en Chine.

Février 1961. Ministre de l'Industrie, le Che écrit : « Si le communisme ne devait pas conduire à la création d'un homme nouveau, il n'aurait aucun sens. »

Avril 1961. Débarquement dans la baie des Cochons de 1 500 partisans de Batista, rapidement capturés.

Août 1961. Le Che prononce un discours anti-impérialiste à Punta del Este (Uruguay), lors d'une conférence latino-américaine.

Juillet 1963. Il visite l'Algérie de Ben Bella.

9 décembre 1964. Discours pour la libération de l'Amérique latine à l'assemblée des Nations-Unies, à New York.

Janvier 1965. Voyage en Afrique. Plusieurs mois de « disparition ».

3 octobre 1965. Castro lit publiquement le message d'adieu du Che : « D'autres terres du monde réclament la contribution de mes modestes efforts. »

3 novembre 1965. Le Che part en Bolivie, pour y conduire la guérilla révolutionnaire.

6 novembre 1966. Il rejoint la base de la guérilla bolivienne à Nancahuazu. Le gouvernement bolivien,

appuyé par les États-Unis, déploie contre le Che d'importantes forces militaires.

8 octobre 1967. Le Che et son groupe sont capturés. Interrogé, Che Guevara ne répond à aucune question.

9 octobre 1967. Sur ordre du président bolivien Barientos, le Che est exécuté d'une rafale de mitraillette.

Achevé
d'imprimer
en janvier 2007
sur papier Alisado
par l'imprimerie Liber
Duplex (Barcelone)
Espagne

N° d'édition : 84053

49-43-4757-8/06